緑の不沈空母

にいがたの航跡

篠田昭

幻冬舎

緑の不沈空母

にいがたの航跡

カバー写真　天野尚
装幀　トサカデザイン（戸倉巌、小酒保子）
編集協力　伊藤和弘
人物撮影　本間一人
年表　新潟市の資料を参考に作成

目次

はじめに

「緑の不沈空母、ですか。すごい言葉ですね。新潟市のことをずばり言い表していると思います」

幻冬舎の編集者が、新潟市のことを聞き歩いているうち、「緑の不沈空母」という言葉に敏感に反応した。新潟市は、本州日本海側で唯一の政令指定都市でありながら、島根県並みの水田面積を有している。食料自給率は先輩の政令市が軒並み一桁なのに、「新潟市は約63％。群を抜いて高い」とのデータを聞いて、「この本のタイトルには、『緑の不沈空母』を絶対に入れたい」と思ったそうだ。

ニューフードバレー構想

確かに、「食べていける」ことは安心安全の大きな土台だ。日本一の美田が広がる新潟は、日本海の幸を含めて素晴らしい食材に恵まれており、その上に大きな食品産業が育っている。米菓や切り餅・包装米飯、かまぼこなど、全国トップの企業群が新潟市に根づき、「フードバレー」を形成している。近年は、６次産業化を進めると共に、新たなアグリクラスターをつくる「ニューフードバレー構想」を官民で進めてきた。この取り組みが農業戦略特区の認定に結びつき、ＩＣＴ（情報通信技術）を駆使するスマート農業の一大拠点ともなっている。

「緑の不沈空母」――この言葉は新潟市都市政策研究所（都市研）の所長をお務めいただいた上山《うえやま》信一・慶應大教授が、新潟市職員と意見交換をしていた時に出てきた言葉だ。新潟市にはこれまでの大都市にはなかった大きな農業の力がある。「食料があることは、安心感の土台になる」（上山教授）点を重視し、都市研が「ニューフードバレー構想」を提唱してくれた。

「緑の不沈空母」はインパクトに溢れた言葉だが、「緑の」という前提がついてはいるものの「不沈空母」に過剰反応する市会議員らがいるのではと考えて、行政的にはあまり使わなかった言葉だ。しかし、「水田を象徴する緑と、不沈という安心感は新潟市そのもの」という編集者らの意見に押されて、この本のタイトルに据えることにした。どこが「緑」で「不沈」なのか、一緒に確認してほしい。

「大きさ比べ」より「質比べ」

地元新聞社で30年記者をやっていた私が、思わぬことから新潟市長になったのは２００２年11月だった。新潟市はその後、２００５年には大合併で81万都市になり、２００７年には大きな目標だった政令指定都市を樹立した。それ以来、「日本一安心な政令市を」という言葉が私たちの新たな目標となった。いま、全国には20の政令市があり、互いに切磋琢磨しているが、人口約370万人の横浜市から70万人程度の静岡市まで、その都市規模には大きな違いがある。人口や都市の経済力など、「大きさ比べ」では下位に甘んじる新潟市だが、「安全の土台」や「暮らしの質」などの分野では、他の政令市を凌駕している面も多い。政令市で見ると、例えば持ち家比率はナンバーワンだし、子どもの保育施設整備率も、お年寄りらの特別養護老人ホーム整備率もトップだ。この土台があってか、30代女性が最も働いているのも新潟市だ。さらに出火率は一番低く、人口10万人当たりの凶悪犯罪発生数も第2位と安全度も高い。

これまでの大都市の欠点を回避

私たちが大合併——政令市を推進するに当たり、心がけたことがある。大きな都市になると、どうしても安心安全の土台が低くなってしまいがちだし、地域の絆も弱くなりがちだ。新潟は大合併をして81万都市になっても、新潟の美風である地域力・市民力を失うことなく、むしろ強化したいと考え、実践してきたつもりだ。では、新潟の地域力を示すさまざまなデータを見てみよう。まずは自治会（町内会）加入率の高さだ。東京23区では「50%台」という区もある中で、新潟市の加入率は90%を超し、政令市では浜松市と並ぶトップクラスだ。政令市比較で言うと、人口当たりの消防団員数がトップで、世帯数当たりの民生委員の配置人数が3位となっている。子どもたちの給食費未納は最も少ないレベルであり、NHKの受信契約率が最も高いクラスであることも、律儀な市民性を表している。「日本一安心な政令市」という目標は行政だけでは到底達成できないものだが、新潟には大目標を達成するに十分な地域力の土台があることは確かだ。

「市民力」という言葉は、地域力とほぼ同義で使う時と、「人間力」に近い意味で使う時がある。ここでは新潟の「人間力」の代表的存在として、福祉分野のリーダーである河田珪子さん、家族農家で自然栽培に取り組む宮尾浩史さん、お笑いで世の中をつなぐ江口歩さんらを紹介するが、「みんなが肩を寄せ合って生きていく」新潟の市民力は、「安心安全の大きな土台」と思っている。

大きくなるから、小さい単位重視

地域力・市民力を維持・強化する具体策として、「大合併で大きくなるからこそ、小さな単位を大事にしよう」という方針を私たちは打ち出した。「小さな単位」の1つが、昭和の大合併前の旧マチ・ムラだ。例えば合併した横越町《よこごしまち》は、昔は沢海《そうみ》村や木津《きつ》村に分かれていて、沢海には千町歩地主だった伊藤家の邸宅（豪農の館）が北方文化博物館として残っており、木津には地域の野菜などで獅子頭をつくる桟俵《さんばいし》神楽が地域の誇りとなっている。

そして、昭和の大合併で新潟市に入った旧内野町《うちのまち》は、江戸後期に自らの力で掘った悪水の落とし堀「新川《しんかわ》」を中心に独自の文化を育んできた。

この「小さな単位」を大切にすることが地域の絆を確かなものにする上で重要と考え、「ないものねだりよりも、あるもの探し」と地元学のキャッチフレーズを掲げて、地域の宝もの探しに力を入れた。その取り組みによって、今では「横越の北方博物館・栈俵神楽」と言う人より、「沢海の北方文化博物館」「木津の栈俵神楽」と呼ぶ人の方が多くなってきた。内野ではいったん途絶えた盆踊りが復活し、地域の絆づくりの場となっている。

「学区」を基本に97のコミ協

旧マチ・ムラと同じく重要な地域単位が「小中学校区」だ。「学区」は、若い世代にも分かりやすい「心の拠り所」であり、地域のお年寄りも含めて「地域の子どもたちのためなら」「学校のためなら」とのモチベーションが働く地域単位だ。新潟の地域力・市民力を土台とし、「日本一安心な政令市」構築のため、私たちは行政を黒子とした「協働」の仕組みづくりに取り組んだ。協働の仕組みの主役が「学区」を単位とした「地域コミュニティ協議会」（コミ協）だった。幸い、新潟にはモデルとなるコミ協が存在していた。旧新津市の荻川地区では、地域の祭りやイベント開催から、地区体育館など公共施設の管理・運営までをコミュニティ組織が一手に引き受け、全国的にも注目されていた。荻川を参考にして、旧豊栄市《とよさか》でも中学校区にコミ協が立ち上げられていた。こちらは「官製コミ協」と言われるほど行政の支援が手厚い方式だったが、これらを参考に新潟市では合併後、市内全域に97のコミ協を組織いただいた。大半が小学校区単位で一部が中学校区だったが、中には統合される前の小学校区を単位とするものもあった。「地域の拠り所」となる単位が大事なので、地域の自主性に委ねることにした。現在は99コミ協となっている。

もちろん、地域自治の最も小さな単位は自治会（町内会）だが、「学校支援」や民生委員とタッグを組む「地域の安全度アップ」や「地域福祉の向上」などのテーマに取り組むには自治会単位は小さすぎる。熱心に活動いただいている自治会長らから「我々の取り組みに不満があるのか」などのご批判もあった一方で、自治連合会の組織を丸ごとコミ協に切り替えてもらったところもある。各地域のコミ協は、まさに新潟の「安心協働都市」の中核的組織となっていただいている。

地域から支援される学校づくり

もう1つ、地域と学校をつなぐ大きな力となっているのが、すべての小中学校や中等学校・特別支援学校に配置されている「地域教育コーディネーター」だ。新潟市は、教職員の人事権を持つ政令市になるに当たって、新潟市の目指す教育方針を明示した「市教育ビジョン」を作成した。教育分野では「学・社・民の融合」を大方針に掲げているが、私は市長として、「学校を地域に開き、地域から支援される学校づくりを」と市教委にお願いしてきた。コーディネーターに就任いただいた皆さんは、ＰＴＡや地域活動に熱心な方々で、圧倒的に女性が多い。「世話好きと、しゃべっちょこき（「おしゃべり」の新潟弁）が適役だそうよ」と、コーディネーターの方は自己分析されているが、この方たちが活動するうちに「地域の達人」となられたことが、新潟市の大きな財産となった。多くの学校には、毎日のように地域のボランティアが出入りし、学校運営を支援してくれている。その中核となっているのが地域教育コーディネーターで、中にはそこからコミ協事務局に入り、コミ協会長など地域のまとめ役となられた方もいる。

新潟市の地域と学校の関係はすこぶる良好と思っている。多くの方が「セーフティ・スタッフ」となって、子どもたちを見守ってくれている。しかし、大変に残念なことに２０１８年５月、新潟市西区で小２女子児童が殺害されるという、あってはならない事件が起きてしまった。見守りに尽力してくれていた地域の方が、がっくりして無力感に陥ることを懸念していたが、あの悲惨な事件をバネに、さらに見守りボランティアが増えてくださったことには、感謝の言葉も出ないほどだ。

超高齢社会に市民が対応

さらに今、全国で新しい課題が出てきた。超高齢社会の中で、国は「地域で医療・介護が受けられる」地域包括ケアシステムを、新たな方針として打ち出した。介護保険制度の中でも、「要支援」は市町村業務となった。今後、どう地域で安心に暮らせる仕組みをつくり、動かしていくか――全国各地で地域力が問われてくる。ここでも新潟市は、地域の取り組みが先行してくれている。多世代の居場所である「地域の茶の間」を新潟市から構築し、全国に広げてきた河田珪子さんらが、「新しい地域の支え合いの仕組みづくり」に立ち上がっているのだ。合言葉は「助けて！　と言える新潟づくり」で、「困った時はお互いさま」の精神を有償ボランティアの制度としてシステム化しようとしている。公益財団法人「さわやか福祉財団」の堀田力会長は、「全国でここまで取り組んでいる都市は他にない」と高く評価している。

「100歳人生」を安心に

超高齢社会の中で、「100歳人生」をどう充実させるかも新しい課題だ。一般財団法人「日本総合研究所」の寺島実郎会長は、「新潟市は地域の関係力が強い上に、都市と農業が共存している。農業があることは、人生を豊かにしていく上ですごいアドバンテージですよ」とエールを送ってくれる。新潟市が超高齢社会の海を「緑の不沈空母」として進んでいくには今後の不断の努力が必要だろう。さらに地域の安定と平和が大きな課題となっている環日本海地域の拠点都市として、「平和と共生の海・日本海」をつくっていく役割も「緑の不沈空母・新潟市」には求められる。

　これまで新潟市政にさまざまな面からご協力いただいた方々の見方や、「安心協働都市」にご尽力いただいた市民の取り組みについて、フリーライターの伊藤和弘さんの協力を得て紹介しつつ、「第五章」と「終章」では新潟市長の任に当たった当事者として、16年間の篠田市政を総括したい。それは新潟の明日を展望することにつながると信じている。

序章

北川正恭・上山信一、新潟篠田市政を語る

西暦	情勢	大合併・政令市への道のり	市政運営の土台づくり
2002	11月新潟市長に篠田昭就任。	任意の「新潟地域合併問題協議会」設置。	助役など特別職を12月議会で選任。
2003	県が国際会議場と見本市展示場、ホテルを有する複合施設「朱鷺メッセ」を開業。アルビJ2で優勝、J1に昇格決定。	「大きな区役所・小さな市役所」を旗印に協議会終了。第9回をもって任意の協議会を終了。	官製談合事件発覚。「市政改革・創造プラン」策定。「事業仕分け」実施。
2004	7・13豪雨水害。10・23新潟県中越大地震。10月泉田知事就任。		「実家の茶の間」などでの幹部職員の現場研修実施。「指定管理者制度」導入。
2005	12月新潟大停電。北陸新幹線が開通する2010年代に備え「上越新幹線活性化同盟会」を設立。	3・21新津市など12市町村が新潟市に編入合併。「新・新潟市合併マニフェスト」公表。10・10巻町が合併。旧市町村単位で「地域審議会」設置。	「新潟市における法令遵守の推進等に関する条例」制定。職員による改善発表大会を初めて開催。
2006	自殺対策基本法施行。	政令市移行時に副市長3人制とし、「局制」廃止を決定。	「行政改革プラン2005」策定。「新潟市PFI推進基本方針」策定。
2007	7・16新潟県中越沖地震。柏崎刈羽原発が全機停止。	新潟市が本州日本海側初の政令市に移行。「区自治協議会」を8区に設置。小学校区を基本とした97の地域コミュニティ協議会誕生。市政運営基本方針としての「新・総合計画」開始。	「新潟市都市政策研究所」設置。GNPからNPH(ネット・パーソナル・ハピネス)への転換を訴え。
2008	後期高齢者医療制度開始。リーマンショック。	「新潟市自治基本条例」「区ビジョンまちづくり計画」制定。	寺島実郎氏ら4氏が「拠点化戦略アドバイザー」に就任、第1回会議。
2009	9・10月トキめき新潟国体	新潟県と共に「大観光交流年」。	職員自らによる事業仕分け実施。

2010	政府、地域包括ケアシステムへの移行決定。		「行政改革プラン2010」策定。「事業仕分け」実施。新潟市都市政策研究所がニューフードバレー構想など提言。
2011	3・11東日本大震災・福島第一原発事故。7月新潟・福島豪雨。	区自治協の活動活発化を目的とした「自治協提案予算枠」新設。	
2012	7・8月北信越かがやき総体		
2013	9月東京オリンピック・パラリンピック開催決定。	持続可能なまちづくりを最重要課題とする次期総合計画の策定開始。	持続的な都市づくりの基本戦略「行政改革プラン2013」策定。
2014	消費税8%スタート。政府、介護保険制度「要支援」業務の一部を地方自治体へ移管。	新総合計画「にいがた未来ビジョン」議決。自治の深化に向けた取り組み開始（区長会議設置、公募区長登用、区づくり予算増額、教育委員増員・担当区制実施）。	「新潟市潟環境研究所」設立。新潟市都市政策研究所を「新潟市政策改革本部」に改組。透明度評価ランキング1位（日経グローカル調査）。
2015	北陸新幹線開業。生活困窮者自立支援法施行。	「新潟市まち・ひと・しごと創生総合戦略推進本部」設置。「新潟市人口ビジョン」策定。「新潟暮らし創造運動」開始。人口減に歯止めの見通し。	「行政改革プラン2015」策定。公共施設の最適化を図る「地域別実行計画」策定。人口減少、社会などへの対応として、「政策アドバイザー」4人設置。
2016	4月熊本地震。10月米山知事就任。		
2017		新潟県・新潟市調整会議にて、万代島と新潟駅の整備を中心に県と市が協力し、都市デザイン作成に合意。	「新潟市PPP・PFI推進基本方針」策定。「行政改革プラン2015」の中間評価を実施。
2018	6月花角知事就任。7月西日本豪雨災害。9月北海道胆振東部地震。11月中原新潟市長就任。新潟開港150周年「海フェスタ」開催。	「新潟都心の都市デザイン」を了承。「区地域協議会」の自治法位置づけを外し、区の実情に応じた柔軟な運用ができるよう条例等などを改正。	本格的な人口減少時代や厳しい財政状況を受けて、前倒しで「行政改革プラン2018」を策定。市組織・定員の適正化や公共施設の集約などを打ち出す。

鼎談

北川正恭　政治学者。三重県知事、衆議院議員、三重県議会議員を歴任。早稲田大学大学院名誉教授
上山信一　公共政策学者。慶應義塾大学総合政策学部教授

篠田昭が新潟市長を務めた２００２年からの16年間、大合併を成し遂げ、本州日本海側で初の政令指定都市を樹立するなど、都市の規模拡大・拠点化に新潟市は力を注いできたかのように見える。しかし、新潟市の取り組みを少し深掘りしてみると、「市役所改革」を旗印にした初期から、創造都市づくりを掲げ、「食と農と文化の融合」を目指して大規模農業の変革拠点として「国家戦略特区」に指定された後期まで、新潟市は絶え間なく革新の道を歩んできたように思う。篠田が新潟市長として目指したものは何だったのか。日本を代表する改革実践者であり論客でもある２人に当事者の篠田を交え、３人に語り合ってもらった。

論客かつ改革実践者の１人は北川正恭・早稲田大学大学院名誉教授。三重県議会議員か

ら衆院議員となり、選挙制度改革など大政治改革に代議士として関わり、その後、三重県知事に転じて中央集権から地方分権の時代を切り開いた中心人物となった。その後、早大大学院教授となってからは早大マニフェスト研究所所長として、従来の選挙公約を「成果指標」や「工程表」で示すマニフェストづくりを提唱し、「選挙の標準装備」にまで高めていった。「マニフェスト」は2003年の「日本流行語大賞」に選ばれるなど、日本社会に大きな影響を与えた。篠田が市長になって間もない2003年から篠田に請われて新潟市政に関わり、市幹部職員に意識改革を促す職員研修などに尽力した。篠田が新潟県知事だった泉田裕彦《ひろひこ》と「新潟州構想」を提唱してからは、「県と政令市の二重行政を排し、県と政令市が力を合わせて実現可能な最大値を目指す」との方向性を明示し、実践的な話し合いの場となった「新潟州構想検討会議」の座長を務めた。検討会議の議論・実績は国にも大きな影響を及ぼし、道府県と政令市の「調整会議」を法定化させる先導的な役割を果たした。

もう1人の論客・改革実践者は上山信一・慶應義塾大学教授。旧運輸省官僚からマッキンゼー（共同経営者）などを経て、2007年から慶應義塾大総合政策学部教授。多くの企業・行政機関の経営改革や地域再生を手がける。自治体改革では神奈川・逗子市を皮切りに福岡市や横浜市、岩手県などの改革に関わった。中でも大阪市と大阪府の改革には、相次ぐ不祥事から市政改革を目指した関淳一市長時代（2003～07年）から深く関与し、橋下徹氏（2008〜11年大阪府知事、2011〜15年大阪市長）らが提唱した「大阪都構想」の理論的支柱となり、現在も大阪府及び大阪市の特別顧問として、府市統合や各事業の改革をプロデュースしている。他にも愛知県の政策顧問のほか、2016年に小池百合子都知事が誕生すると共に、東京都の顧問もつとめた。新潟市には、2007年に設立された新潟市都市政策研究所の所長に篠田の要請を受けて就任。「ニューフードバレー構想」など5つの戦略課題をまとめ、後の「国家戦略特区」（大規模農業の変革拠点）に結びつけた。これらの成果は『住民幸福度に基づく都市の実力評価』（時事通信社）として出版された。14年度からは新潟市の政策改革本部統括となり、保健医療やICT戦略などの改革を助言。昼夜を問わずに届く「上山メール」は市幹部を震撼させ、市職員の意識改革にも大きな役割を果たした。

篠田　昭　今日は2002年から16年間、私が市長を務めた時期の新潟市政について、お2人に語り合っていただきたい。私が市長に就任した2002年11月頃には、それまでの中央集権が次第に機能しなくなり、地方分権の流れが強まる時期でした。それを主導されたお1人が北川正恭さんだった。21世紀に入って、地方分権から本格的な地域主権の時代に移行すると期待したのですが、そう一直線の話でもなかった。

一方では、私もそうですが、20世紀末から21世紀初頭にかけて、市民派選挙とか、ボランティア選挙とか言われ、行政や政治のプロではなく、割と政治の手あかがついていない人が首長に選ばれるケースが増えてきました。まず、全国的に見て、20世紀末から21世紀初めの政治の動きについて北川さんから概括してください。

20世紀末からの大政治改革

北川正恭　日本では１９９０年前後に大政治改革が起きてきます。それは野党からではなく、自民党の方から起きてくる。これまでの政治がもたなくなってきて。自民党副総裁だった伊東正義さんに「自民党の総裁になれ」と言われ、「表紙だけ替えてもダメなんだ」という有名な言葉を言われたりした。政治不信への一喝でした。そんな言葉にみんなが覚醒して、与党・自民党の中から改革の動きが出た。当然、野党は大賛成ですから、与党・野党の壁が消え始めた。しかし、政治は理屈通りいかない。私は当時、国会議員だったけど、権力闘争になった。やれ、竹下だ、小沢だって、争いになった。守旧派だ、改革派だって。その闘争の１つの帰結として94年に政治資金規正法、そして95年の公職選挙法の改正に結びついた。

そこに通底するのはやはり国の統治機構の問題。中央集権という東京一極集中はもうやめようとなり、地方分権の流れになる。これがちょうど戦後50年の節目になる95年、地方分権一括推進法ができる時代背景です。私は、その年に三重県知事になり、ちょっと暴れたわけです。それができたのは明らかに分権のトレンドがあったから。中央政府は自信がなくなっていたし、こっちも「中央何するものぞ」との気概があった。中央に従属ではなくて、地方から主体的に地域をつくっていこうと。これは私が知事をやっていた２００３年まで続く。こういう流れの中で、これまで旧来型の政治が強かった新潟に篠田さんという方が出られて、有権者から支持された。そもそもの政治というものを新しく見直そう、との雰囲気が新潟にもあったからでしょう。

事務事業評価と情報公開

篠田　北川さんの三重県改革は、まさに一世を風靡《ふうび》した感がありましたが、その頃、上山さんは北川改革に物言いをつけられたそうですね。

上山信一　北川さんが知事になられて3、4年目の頃でしたね。

北川　その頃ですね、文句をつけてきた、北川県政に。

上山　三重県で食糧費問題が起きて、それを処理した後、三重県独自の取り組みとして「事務事業評価」が始まった。職員自らが自分のやっている事業を点検する。いわゆるＰＤＣＡ（プラン・ドゥ・チェック・アクション）を回す、ある種の運動論。「県民がお客様だとしたら、今やっているサービスはどうか」を自ら点検する。民間の経営センスを入れて、当時としては非常に斬新でメディアなども高く評価していた。私は当時、国家公務員を辞めてマッキンゼーに勤めていたんです。最初は「素晴らしい」と思った。しかし、よく見ると「職員が内輪でやっていて、評価結果を公開していない。これは本物じゃない」と思ってそう言っていたら、北川さんから怒られまして。

北川　当時、上山さんは新進気鋭の学者・研究者で、生意気なわけですよ。私のやっていることは「内部評価で、お手盛りじゃないか」と、いちゃもんをつけてきた。「よし、じゃあ対決しよう」と。これは、私が勝つんです。行政は、いろんなものを隠してきたから、いきなり外部の方が評価しても見えないし、よく分からない部分がある。そこで、まず内部評価をした。その内部評価の過程や結果を全面オープンにした。それを外部が評価すれば良いって。

上山　全面オープンは想定外でした。情報公開は非常に重要で、北川さんはそのこともおっしゃっていたのだけれど、それが事務事業評価とつながっちゃった。

北川　上山さんはまじめな学者なので、「そうか、それなら」と言ってくれて、それから上山さんと信頼関係ができて、以来、いろんなことを組んでやってきた。

篠田　内部評価をやって、それを公開すれば必ず外部評価がついてくる。公開するかどうかがポイントですね。

北川　三重県はそれまで外に見せないものを公開したからね。明治以来つくり上げてきた行政の態勢を壊した。もっとも、その頃、行政は学者をコンサルタントの業者のように扱い、課長や補佐クラスが学者に命令していた。そんな行政に上山さんは立ち向かっていた。ある意味でパイオニアなんですよ、上山さんは。

全国各地で自治体改革

篠田　三重県改革を受けて、全国で改革が始まります。福岡市とか、横浜市の中田改革とか。

北川　三重を受けて、福岡市は山崎広太郎《やまさきひろたろう》さんが市長時代に「ＤＮＡ運動」を始めた。だいぶ、私のとこのノウハウを盗んでいるけど（笑）。

上山　私が最初にお手伝いしたのは逗子市なんです。鎌倉市議をやっていた長島一由《かずよし》さんが若くして逗子市の市長になられた。彼からマッキンゼーの知り合いを通じて「行政経営のアドバイスを」と頼まれた。私は国家公務員の経験と大企業の改革しか知らなかったが、行ってみると市町村は市民に身近だから、生々しくて非常に面白かった。やったことが成果としてすぐ出る。住民、職員、市長、この３つがセットで動き出す。

その後、今お話があった福岡市が「三重県を参考にして改善運動をやりたい」と言ってきた。ＰＤＣＡ運動ですよね。それで私がアドバイザーをやった。面白かったのはＪＲ九州の当時の石井幸孝《よしたか》社長の存在です。私が改革案を出すと、国鉄民営化の経験を基に、「官と民はここが違う」とすぐ解説フォローされた。役所には役所の論理があって、まじめにやっている。だけど「官から民へ」という方向性と全然かみ合わない。現場の職員といろいろ悩みつつ進めました。福岡市の改善運動を「ＤＮＡ運動」ということにした。

行政経営品質の時代に

北川　現場の改革は必要なんだけど、もっと重要なのは「品質」だと思い、三重県では「行政経営品質」を重視することにした。この考え方は95年ぐらいに米国から日本の企業に入ってきた。その頃、大手町の一流企業へ行くと、受付からして県庁や市役所と雰囲気が全然違ったでしょ。行政改革だけでなく、品質も入れていこう、と。そのやり方として事務事業評価システムを入れた。でも、最初の一年で失敗した。行政は政策―施策―事業という組み立てになっているのに、一番下の事業だけやってもダメだ。そこで「政策推進室」をつくって、政策の方からのチェックに変えたんです。「何のためにやるのか」、元を正さないといけないよね、って。民主党政権はそこが分かっていなくて、事務事業評価にこだわって失敗した。トップダウンで政策からチェックすることで質的な改革につなげた。

それまでのアウトプットをアウトカムに変えたんです。

上山　分権が進んで、首長が民間の社長のようにリーダーシップを発揮し出すと、自治体は変わる。国の言うことが優先ではなくなって、それぞれの自治体のビジョンが大切にされる。ただ、官と民が激しく違うのは、民間は常に競争にさらされている。だから企業理念・ビジョンに沿ってどんどん前進する。役所はぼーっとしていても死なないで食べていける。だから、ビジョンよりも評価されるとはっとして改革が進む。

ところが90年代は「行政評価」という言葉が世の中になじんでいない。私は98年に『「行政評価」の時代』という本を出したのですが、最初は出版社の人が「書名に違和感がある」と言うんです。「政治や行政が世の中を評価する、というのなら分かるけど、行政が評価される側に回るんですか」と。「それは行政の無謬信仰に毒されているんだ」と、私は言ったんだけど……。あと地方の講演では「公務に対して経営なんて言葉を使うのは、けがらわしい」と言われたこともあった。

篠田　確かに。私が市長になってからも、「行政経営」との言い方に違和感を持つ行政パーソンがほとんどでした。

生活者重視から生活者起点へ

北川　あの頃、行政経営と言うと、「顧客満足度」の観点を言われる方が多かった。私は「顧客満足度という言い方は違う」と言っていた。民主主義は民が主役なんだから、顧客満足という言い方は上から目線だ。「市民は客体ではなく、主体なんだ」と。そこで三重県のコンセプトを「生活者起点」にしたんです。政治家たちは「生活者優先」とか「生活者重視」とか言い出していたが、これも主体者に対して「優遇してあげますよ」「サービスしてあげます」と言っている。主権者を上から見ている。

新型政令市の登場

篠田　分権の流れが進む中で、受け皿としての自治体改革も進められていった。それが「平成の大合併」であり、その中で「70万政令市」の考えも出てきた。合併をした自治体では、政令指定都市になる要件を緩和して、70万人規模でも良いという方向が打ち出された。まず静岡市。そして堺市、これに新潟市と浜松市が続いた。特に三大都市圏に入らない静岡、浜松、新潟は「新型政令市」とも呼ばれました。上山さんは、そんな動きをどう見ていましたか。

上山　私はその頃、２００５年からですが、大阪市の改革を始めた。きっかけは職員の厚遇問題という不祥事でした。ヤミ残業や食糧費の不正は全国各地であったけど、当時の大阪市はヤミ年金までやっていた。自治体とＯＢが結託して、市民にばれないように組織的にやっていた。関市長の時代に明るみに出て、改革をやらざるを得なくなった。当時の大平光代助役とタッグを組んで改革委員会を始めたが、大変な抵抗に遭っていた。そんな時に、篠田さんから声を掛けてもらって新潟市に行った。初めて行った時はとっても新鮮でした。

篠田　新潟市が大合併をして２００７年に政令指定都市に移行することが決まり、政令市にふさわしい政策立案能力を持てるよう市都市政策研究所をつくることにした。その所長を上山さんにお願いした時ですね。

上山　新潟市は、「本州日本海側初の政令市樹立」というビジョンの下に15市町村が大同団結して一緒になった。外科手術が先にあって、その後で中身をもっと充実させようと、具体ビジョンや政策をつくる研究所をつくった。私たちはそれまでの「日本海・田園型・分権型政令市」という3つの都市像を下敷きにして、「田園環境都市」というビジョンを打ち出した。農業や環境、暮らし、文化という基盤を整理しながら、空港や交通問題からやり出して、市役所の現場改善運動や市民向けサービスの充実の方に移っていった。そこには三重や福岡のノウハウをどんどん入れました。

当時の大阪市に比べ、明るい新潟改革

篠田　大阪市とはまったく取り組みが違ったんですね。

上山　当時の大阪市も行財政改革運動をやっていましたが、予算を2割カットしてヒトも3割減らす、といった後ろ向きの改革でした。財政状況があまりに厳しく、やがて大阪都構想というある種の外科手術まで必要なほどの重症でした。新潟とはまったく逆なんです。新潟は15市町村合併という大手術をやって、その基盤の上に具体ビジョン・政策づくりでしょう。それは、大阪から見るとマジックですよ。こっちはまだ、手術室にも入れないのにね。冬の日本海がすごく明るく見えてました。

篠田　我々も大合併の議論中の２００３年夏に官製談合事件が起きて、新潟市の「長年の悪弊・病弊」が公取委から指摘された。「市役所改革」を掲げた私が市長にさせてもらい、契約改革を準備していた時でした。その後、三重県知事を終えられた北川さんが新潟市にお越しになり、お話を聞いた。三重県改革の具体論がすごく新鮮で、驚きでした。「北川さんに幹部職員の意識改革を手伝ってもらおう」とお願いしました。

北川　篠田さんとは私が国会議員時代、東京で一緒の勉強会にいて知り合いだったし、「依存から自立へ」という流れの中で「主体的に頑張ろう」という自治体を応援したいと

いう気持ちが私にもすごくあったから。

「こんな言葉も知らないのか」助役を一喝

篠田　あの頃、霞が関から新潟市に来てもらっていた助役に、北川さんが「こんな言葉も知らないで、よく助役をやっているな」と一喝したのを覚えています。「ベンチマーク」という言葉でした。そして、組織改革では「総務部が組織の筆頭に置いてあるんじゃないだろうな、田舎の役所みたいに」とも言われた。

北川　田舎だけじゃなく、全国の自治体がそうだった。三重県改革を端的に言えば、総務部改革なんですよ。三重県は財政課と人事課をなくしたからね。「生活者起点」の考え方に、この2つの課はなれない。両方とも「県庁起点」なんですよ。三重県も公金不正問題で大変だったが、人事課は公務員法に則って倫理規定まで設けて、やったことは裏金づくりだったじゃないか、と。それをフォローしてきたのが財政課だ。「県庁をどうするか」というと、管理が主役になってしまう。だから財政課も人事課もなくした。解体してしまったんです。

篠田　新潟市でもそれ以来、総務部を筆頭部にするのをやめました。北川さんに刺激をもらい、上山さんには都市政策研究所長として定期的に新潟市に来てもらった。

上山　当時の大阪市の改革はさっき言った通り、予算・人員カットとか、下からの積み上げ。福岡のＤＮＡ運動も現場改善運動ですから、これも下から。一定の成果はある。でも、それだけでは限界がある。新潟市は地域のビジョンづくりだから、基本的に明るい。「日本海政令市」だって「国際交流拠点をどうするか」の観点や、「大災害時代に本州日本海側の拠点づくりは大事だ」とか、スケールが大きい。

ニューフードバレー構想

篠田　新潟の農業の力を活かした「ニューフードバレー構想」なども打ち出してもらいました。

上山　実際に取り組んでみると、新潟市のポテンシャルの大きさを感じた。新潟はオランダに似ているんですよ。両方ともゼロメートル地帯を克服して、まちと農業を育ててきた。交易都市でもある。それで「田園環境都市」の切り口の1つとして、「ニューフードバレー」を提起した。

篠田　オランダは日本の九州ぐらいの面積なのに、アグリクラスターを構築し、米国に次ぐ食品輸出国になっている。都市政策研究所が提起して以来、経済人や農業関係者らが毎年のようにオランダに視察に行った。新潟市にとって大きな刺激で、これが後の農業戦略特区に結びつく。

新潟は「緑の不沈空母」

上山　私は分権論者。自治体をよくする方法を国が押し付けてもしょうがない。地域それぞれの特性を活かして絵を描いてこそ国があると。関西は私の地元ですから、愛着もイメージもあった。新潟に来て、もう1つ、地方のイメージができた。食料自給率が高く、自立型のまちづくりができる。その上、助け合いの精神がすごく濃くて、安心安全なんです。そんなことを新潟市の職員と話していて、彼女の口から出てきた言葉が「緑の不沈空母」でした。なるほど、新潟だけはどんなことが起きても生き残っていける、恒久ポテンシャルがあるよね、って。

あと、非常に面白いと思ったのは、外とのネットワークづくりに大変熱心なんです。これは江戸時代の北前船の名残かもしれないけど。大河が2本あって、西廻り航路で北海道とも、大阪ともつながっていた。コメをメインにいろんな物が流通した歴史があるからか、交流に熱心です。冷戦時代に北朝鮮への帰還港になったり、ソ連に空路をつなげたり、辺境との付き合いを意識してやってきた。これはすごいこと。昔は冬に雪で首都圏と隔絶されていたせいか、「日本海から世界へつながっていこう」という感覚がある。海上ネットワークへのセンスの良さは南米のチリと似ている。チリは、アルゼンチンやブラジル側に行くには山が険しくて大変。それで海の方に目が行く、海洋国家。お金持ちは子どもをカリフォルニアやパリに留学させる。新潟も海洋都市。対岸を見るし、フランスのナント市と相性がいい。21世紀型の可能性が非常に大きい。そんな議論を新潟の方たちとして3年がかりで2010年にできた報告書が「田園環境都市構想」でした。

「新潟州構想」を提起

篠田 一方、新潟県では21世紀初頭、大災害が続きました。2004年の中越大地震の直後に泉田裕彦さんが新潟県知事になられ、大地震の災害対応を一所懸命やられて、連年豪雪にも見舞われた中で奮闘する。その後、2007年に中越沖地震が起き、この対応でも求心力が高まった。そういう中で2011年、泉田知事と私は「新潟州構想」を打ち上げます。これは本来、「道州制への備え」との意味合いが強かった。当時、道州制が動き出そうとしていたし、それも権限移譲の伴わない「府県合併」への懸念が私たちには強くあり、これへのけん制の意味合いが大きかった。

それと、新潟市が政令市になっても、例えば港湾管理者は県であることは変わらない。空港は一義的には国だけど、国と話をするには県を素通りできない。港湾では県に港湾担当の部署があって、新潟市も港湾空港課があって人を配置し、経済界も新潟港振興協会を持っている。それが、みんなバラバラなんです。これをみんなで力を合わせることができないか、と考えた。上山さんから「米国のニューヨークとニュージャージーでは、地域の総力を集めたポートオーソリティという組織が港湾を運営している」とも聞いた。この新潟版をやりたいと思った。司令塔を1つにして、もちろん司令官は知事で結構ですよ、と。この拠点化の話は結局できませんでしたけど。

「実現可能な最大値」を追求

上山　橋下徹さんと大阪都構想を打ち出したのは2010年でした。

篠田　その後を追って、やろうとした。でも、県と政令市の話し合いは行司役がいないと、とてもまとまらない。それで、北川さんに座長をお願いに行きました。

北川　篠田さんとは長い付き合いだし、泉田さんとも彼が経産省の外郭団体にいた時から知っている。そのお二人が、県と政令市が力を合わせて新しい仕組みをつくるという。それは私にとって、基本的にベリーウエルカムなんです。私は三重県改革をやったけれど、それは所詮、県という枠の中の改革だった。異色のお2人は県と政令市の枠を超えた改革をやろうと言っている。それはすごいことです。

篠田　北川さんも上山さんも大阪改革に関わられていた。

北川　私は、橋下さんが府知事から大阪市長に転身する時に辞めさせてもらいましたけど、上山さんは今も関わっている。大阪は橋下さんのリーダーシップの下、新しい政党までつくって既存政党とドンパチやっている。新潟の知事と市長のお２人が相談に来られた時、「あなた方は、あそこまでやり切れますか」と聞いた。お２人は、あちらに比べればノーマルだから、大阪のようなところまでは行けないんじゃありませんか、と。だから、私は「実現可能な最大値を求める方向でやりませんか」と提案した。その方向でなら、「私は喜んで新潟州構想検討会議の議長役をやらせてもらう」と。

篠田　二重行政の解消は大変に大きなテーマだし、これと先ほどの「司令塔を１つに」の両方ができると思い、「実現可能な最大値」を求める方向をお願いしました。

「調整会議」法定化の先駆けに

北川　いろいろ批判もされたが、具体的な個別政策で「実現可能な最大値は何か」を見定めた時に、これまで越えられなかった県と政令市の垣根を、公営住宅や文化施設管理、消防、保健所など、６つの分野で乗り越えられた。本来、公務員は仕事を新たに増やされることを非常に嫌うが、それよりもっと嫌うのは自分の仕事を取られること。だから、公営住宅でも文化施設の管理・運営でも、県はそれなりの理屈を言い、市は市でさまざまな理由を持ち出す。その二重行政を解消することは、まさに政治主導なんです。2人の決断があり、私のような行司役を入れてくれたんで、県と政令市の間であれだけのことがやれた。その実績を国が認めて道府県と政令市の話し合いを「調整会議」として法定化した。ビッグな改革の事例だったと思います。

篠田　地元ではほとんど評価されていませんが……。

北川　やがて認められますよ。あれから、県と市の職員の意思疎通が図られるようになった。お互いが真剣に意見交換していく中で、「あっ、そうか」という気づきが互いに生まれた。これは地方創生の先駆的な実践だった、と私は評価させてもらっている。

篠田　その後、米山（隆一）知事の時代に「新潟の拠点化は、新潟市のまちの魅力アップだ」との考えが示され、港湾エリアの万代島や新潟駅高架化での共同作業が始まった。今の花角《はなずみ》（英世《ひでよ》）知事になり、航空路やインバウンドの誘致、コンテナ集荷をテーマに県と市の担当者同士が定期的に集まり、情報共有の上での取り組みが一気に進んだ。それも、あの頃、県と市の担当者同士が徹底的に議論していく中で、気づきがあったからだと思う。

北川　二重行政を解消するために法律的・制度的・事務的なものを変えたことはすごく効果があった。もう1つ、行政の文化を変えたことが大きい。それまでの、県は絶対に県、市は市、経済界は経済界でやっていくべきもの、という文化が変わった。ミックスされてね。「新潟にとって、じゃあ、どういう形が良いのか」ということに思いを致す「気づき」が出てきたから。これが、いわゆる「生活者起点」なんです。だから、花角知事、中原八一《やいち》市長の下で大きく動くんじゃないかな、新潟は。

健康寿命の延伸に挑戦

篠田 一方、上山さんには都市政策研究所長の後、新潟市の政策改革本部の統括として、より具体的な政策づくりや改革実践に取り組んでもらいました。

上山 都市政策研究所で最後に取り組んだテーマが高齢化でした。新潟市は政令市比較の中で、特に女性ですが、平均寿命が長い割に健康寿命はそれほどではない。そして新潟市民は奥ゆかしすぎて、介護を受けずに我慢していて、要介護度が一気に悪化してしまう。

政策改革本部ではそれを引き継いで、最初にやったのが現場の保健師の問題。保健師さんには本来保健指導をやってほしい。しかし、書類作りに追われていた。尼崎市からカリスマ保健師さんの野口緑さんに来て講演してもらうなど、改革を始めました。

今までのやり方を変えたくない保健師集団とのちょっとしたバトルでした。あとは、新潟市の特徴でもあるコミュニティ協議会を活用して、地域の健康データを見える化した。

篠田 中学校区が基準でしたが、特定健診の受診率などが地域ごとに出てくる。受診率が一番低いところがどこか、一目瞭然になる。受診率ワーストの地域からは、「もっと早く教えてくれれば、地域で頑張って受診率を上げたのに」と言われました。保健師さんにとっても、自分たちの仕事が成果となって生活者のところに届いているか、の気づきにもなった。

公共施設を総点検

上山　地域ごとの健康度を見える化して、地域運動で健康づくりに取り組んでもらう。そこに保健師さんが関わるように仕事のやり方を変えてもらうのが一番大変だった。もう1個やったのが市役所の施設の総点検です。できるだけ多くの職員が関われるように、出張所や保育所とか子育てセンターとかのサービスを点検した。職員が手分けして利用者と対面ヒアリングをし、それを基に改善する。その結果、利用者から直接、生の声が届く。「お願いしたことが改善された」「良くなった」などと。これは職員にとっても励みになった。身体障がい者用駐車場が遠いとか、子育てママ用のものがあった方が良いとか、図書館の本の返却ポストの位置とか、細かいことから始めて、予算や制度の見直しまで広げた。まずは市民の要望に職員が気づくことが重要なんです。

篠田　それは生活者起点になっているか、実地検証でもあった。例えば、子ども・子育てでも、新潟市は待機児童が少ないこともあって、第三者評価ではかなり高い評価を受けているが、肝心の若いお母さんたちがそれを実感していないことも分かりました。「新潟は子育てに冷たい」と受け止めている方が多い。それはさまざまな情報が届いていないことに加え、市民全体の雰囲気が影響していることも分かりました。若いお母さんがベビーカーでバスに乗り込んだ時、ウエルカムでないような反応を感じていた。

上山　もともと新潟市はソーシャルキャピタルがかなり高く、隣近所とか、ちょっとしたご縁がある方同士はとても助け合う。だけど、全然知らない者同士になると割とシラッとしている。人見知りしやすい気質のせいなのですが、子育て応援のスマイル運動も提起した。お客さまのサービスから出発して、まさに生活者起点になっていった。

「マニフェスト」は政治主導

篠田　北川さんはマニフェストを日本に定着させましたが、新潟市では選挙をやらない「合併マニフェスト」をつくりました。これは、大合併をした新潟市がどんな都市になったのか、各種データで示すと共に、新潟市の目指す都市像などを明示し、目指す政令市になるための40主要事業をお約束したものでした。

北川　先ほどの新潟州でもそうですが、新潟県と新潟市が協力するといっても、実際に進めるには首長主導のマニフェストがないとできません。下から積み上げていくと、みんなそれぞれの立場を強調してしまうから。

ところが、「新潟を日本海に開かれた拠点都市にしよう」との大目標がトップから示されると、「では、どういう形にしましょうか」ということで検討委員会ができ、そこで「具体手法はどうする」などの議論が始まる。地域主権が進み、地域がそれぞれの目標を首長マニフェストという形で示していく。それが政治主導なんです。目標がないと、人はなかなか一緒に動いてくれない。

篠田　マニフェストが進んでくると、選挙戦のさなかに幹部職員がマニフェストをチェックして、下準備をしてくれるようになった。

北川　首長のマニフェストを誰が一番熱心に見ているかというと、間違いなく行政の幹部職員ですよ。それも隠れたマニフェスト効果。

篠田　私も市長時代、大事なことだけれど職員が反発しそうなテーマは、「もう、市民に言ってしまったから」という手を時々使いました。マニフェスト文化が浸透してくると、それで通るようになる。

議会と執行部は丁々発止を

北川　そうならなければ、地方創生なんて夢のまた夢になる。議会に対しても同じことが言える。立場を明確にして堂々の議論をすればいいのに、議案を通してもらうために取り引きや駆け引きして、大切な執行権というものを議会に委ねたりしてしまう。東京都みたいにね。

上山　東京都なんか小池知事が廃止するまでは、予算の一部を議会に委ねることまで制度化していましたからね。

北川　本当に自治を確立していくには、決定権者である議会と、執行権者が、二元代表として機関競争していくことが必要で、その状況を為政者はつくり出す努力がいる。新潟州構想検討会議も、すぐ県議会と市議会で議論になったでしょう。これまでは、そういうことが起きないようにするのが副知事や副市長の役割だったのにね。

上山　議会にとって検討会議はライバルが出てきたようなもの。競争相手です。

北川　議会も堂々と意見を主張できる文化に変えていかないと。

市美術館を劇的に改革

篠田　さまざまな改革の中で、新潟市の個別的な話を上山さんに振り返ってほしい。市美術館で「水と土の芸術祭」を開催した際に、カビとクモが発生したと、大変な騒ぎになった。これは美術館改革に、「大地の芸術祭」を大成功させた北川フラム氏を市美術館長に起用したことに端を発します。

当時の学芸員の中に一部の美術愛好者と組んでいる者がおり、一般市民に開かれた美術館になっていない、と私たちは感じていたからです。それで、北川フラム館長にも、北川フラム氏に総合ディレクターをお願いした「水と土の芸術祭」にも非協力的だった。

上山　芸術祭自体は素晴らしかった。しかし、たまたま改革派で外部出身の館長のもとで不運なことにカビ・クモ問題が発生し、それへの現場の対処もうまくなかった。私はたまたま横浜市の動物園や静岡県・川崎市・大阪市で美術館の改革をやっていた。そこで市長にこの際、市の美術館そのものを見直しましょうと提案した。それで第三者委員会が設置された。

美術の専門家の委員たちと、まずは市美術館の現状を把握し、評価しようと市美術館を見に行った。私はいつも「現地、現場、現物」から始めるんです。そしたら、カビ・クモどころじゃない。バックヤードが汚くて、ゴミ屋敷状態なんです。それをスマホで撮って、会議で公開した。すると一気に「管理体制に問題がある。一過性のカビ・クモ対策より抜本改革をしないとダメだ」となった。後任の館長を公募し、一気に古い態勢を刷新できた。ここでも現場を確認しての情報公開が大事でした。

北川　これまでは、そういう内部の情報をほとんど隠していた。やっぱり舞台転換だから。

どうすれば本当に改革ができるか、目的は何か、これを押さえてしっかりやっていくことが大事。そういう手法が政治主導なんですよ。

行政の積み上げでなくね。でも、政治主導でやった時に多くの失敗がある。私なんか7勝8敗か、良くて8勝7敗かな。たとえ失敗でも、「こういう狙いで、これを目指したんだ」ということをしっかり説明すればいい。そうならないと、また行政主導に戻ってしまう。

上山　市美術館改革はカビ・クモでケチをつけられたけど、あれはトライアル。失敗があってもいいんですよ。その改革があって、今まで学芸員らがやってきたこと、隠してきたことが明るみに出て、大きな場面転換になった。

篠田　あの時は、斑鳩《いかるが》の中宮寺さまの国宝、菩薩《ぼさつ》半跏《はんか》思惟像《しゆいぞう》をお借りする仏像展が後に控えていて、文化庁との折衝が本当に大変でした。結局、仏像展は文化庁仏像を担当している課の差配を受ける必要がない施設、これを公開承認施設というのだそうですが、その施設でやることにした。実はこの種の施設が新潟市にはなくて、長岡の県立近代美術館で開催したのですが、地方の仏像展としては例がないほどの13万人から観覧いただきました。いろんなことを学ばせてもらった。

さて、そろそろ今後の地方創生に向けて重要なことは何か。まとめの段階に入っていきたい。今の安倍政権が進める地方創生のやり方についてどうお考えですか。

やらされ感いっぱいの地方創生

北川　行政は「継続は力だ、大事だ」とよく言いますが、先の見える時代はそれでも良かった。今は成長時代から成熟時代に入って先が見えない。ＡＩとかＩｏＴとか、これまでにないまったく違う要素が出てきた。取り組みの手法が多様になってきただけに、なおさら物事を進める目的が大事になってきた。それが政治主導がますます重要になる大きな理由です。

地域の自立を目指す取り組みは、行政がやる下からの積み上げ方式ではできない。今の安倍政権は、地方創生を言いながら、従来の補助金政策とまったく同じことをやっている。地方創生でも、国がつくる人口予測と同じことをやれ、「まち・ひと・しごと創生計画」をつくれ、と全国の自治体に言っている。そして、安倍政権が気に入った計画に補助金、カネをつけますよ、と言う。これでは「やらされ感いっぱい」で、高揚感は出ないですよ、地方に。だから、失敗だ、と私は言っています。

篠田　国家戦略特区でもおかしいと感じることが多くありました。私たちは、大規模農業の変革拠点として手を挙げて選ばれたのに、「他地域が取り組む規制緩和も利用しなければ看板を取り上げる」と言い出した。もっとそれぞれの地域の特性を活かし、やりたいところを伸ばせば良いのに。

北川　安倍政権の地方創生には問題が多い。でも、これを1つのきっかけにして、生活者起点や地域起点の主体的な取り組みにつなげてほしい。それは県と市町村が一体とならないとなかなかできない。新潟はこれまで築き上げてきた土台の上に、環日本海の拠点となるビジョンや安心安全な暮らしの絵を描いて、新しい知事と市長にやっていただきたい。

新潟は県・市調整会議もそうだが、県と市町村の協議の場とか、行政パーソンの意識改革とか、骨格ができ上がっているからね。地方創生の必須アイテムが新潟にはそろっている。それが新潟の優位性じゃないですか。

新潟は欧州型の環境都市に

上山　新潟はポテンシャルがすごくある、と思います。先に述べた食料自給率の高さや食品産業を含めたニューフードバレーになれる。バイオ的な産業や先駆的なＩｏＴ農業も始まっている。コメリや亀田製菓、ブルボンなどいい企業がたくさんある。国からどうやって補助金を、ではなく、新潟には自ら稼げるポテンシャルがある。海洋都市として海外とつながる可能性も大きい。東京からの企業誘致ではなく、バイオや新しい技術を持つ企業を海外から誘致したり、留学生を活用したりする視点が必要です。

気になるのはやはり交通問題。公共交通を強化して、あまりにも高いマイカー依存度を下げていく必要がある。農業特区でＩｏＴ企業との縁もできているし、自動運転など先端技術の活用を図る面でも優位性がある。空港は上向いてきた。この時期にさっさとコンセッションに出して活性化すべきです。欧州型の環境都市に十分なれると思うが、新潟の人が自らのポテンシャルを理解して、前向きに国内外に情報発信していくという発想になかなかならないところが課題かもしれない。

これからは国に依存しないで、それぞれの土地柄を生かした都市ビジョンをつくることが地方創生につながる。新潟は都市戦略を考える上での装置として、県・市調整会議などが進んでいる。職員の意識改革も前進している。新潟市は若手中心の勉強会も盛んになっている。市民起点の政策づくりとかも進んでいる。他の政令市より進んでいる先行優位性の分野を活かして頑張っていける。

篠田　先ほど、上山さんは「大阪は外科手術がまだできていない」と言われました。新潟はもっと大合併という大手術の効果が活かせるのではないでしょうか。

上山　だから、新潟は戦略を非常に立てやすい。方向性を絞りやすい。ただ、自己認識がまだ不十分。私は、新しい政令市とか、政令市で何番目とかは、どうでもいいと思う。先ほどのオランダではないが、新潟平野はヨーロッパで言うとどのくらいのレベルの力を持っているのか、というような比較をすべきです。もっと世界に目を開くと、新潟の「緑の不沈空母」のすごさが見えてくる。

「日本全体はダメかもしれないけど、新潟だけは大丈夫、すごい」というような〝中華思想〟というか思い込みがもう少しあって良い。

大きい、IoT農業の可能性

篠田　新潟の田園、大地、農業は、まさに財産だと思うんですが、「田園型なんてやめてくれ」と言う人がまだいらっしゃる。

上山　新潟平野の素晴らしさを基に、「農業は成長産業」「これからはバイオで頑張る」などと未来を語る方が少ない。「以前は腰まで浸かって農業していた」などと、昔を振り返る方へ戻ってしまう人が多い。これはちょっと残念ですね。大手企業も注目して実際に大規模植物工場やIoT農業などが新潟でもう始まっているのに。

篠田　先端的な企業が農業に関心を持ち、「どうせIoT農業をやるのなら、特区になった新潟で」と取り組んでくれている。特区に参加した「たくみファーム」のように、農福連携で障がい者を雇用しながら国際認証規格のグローバルギャップを取った例もある。

上山　新潟に出てきている企業は、動きも判断もすごくいい。だんだん花開いていくと思う。基盤は着実に整備されてきているんだから、基本的にこれからの新潟は心配していません。

「気づき」得た新潟の優位性

篠田　北川さんには、新潟県・新潟市調整会議の座長役を引き続きお務めいただいています。我々の時には首長主導が強すぎるとも言われましたが、これからは？

北川　パイオニアはやっぱりいろいろ言われるんですよ。でも、新潟は他に先駆けて「気づき」を得ているんだから。あとは大きな夢、ビジョンですよね。環日本海の平和・交流拠点に新潟をするんだとか、安心安全で幸せな「緑の不沈空母」をつくるんだとかね。県全体で取り組んでいく。それにはリーダーシップがやっぱり必要です。夢や政策がかっちりしてくると、職員は張り切ってやりますよ。地方創生時代が本当に始まる。

上山　新潟はいろいろなことに取り組んできた。それをやってなかったら、とっても大変な状態になっていたと思う。

北川　かも分からんね。いま、15市町村のままだったら、大変だったかもね。それが大同団結していろんなことを解決してきた。合併マニフェストをつくって、方向性を示してきた。やっぱりマニフェストなんですよ。その下に、田園都市とか、港湾地区の万代島《ばんだいじま》をどうするかとか、具体政策が出てくる。その基礎は築かれている。

政令市の第2ステージに

篠田　中原市長は今、「新潟の政令市は第2ステージに」とおっしゃっておられる。新潟市の財政が厳しいと言われるが、一方では大合併をやって行財政改革を進め、10年間で700億円を超す効果を上げてもいます。

合併建設計画の骨格をなす「新市の一体感に資する事業」が10年間で約931億円ですから、基金を取り崩しただけではなく、まちづくりを進めたことがお分かりいただけると思います。その行財政改革効果もあって、まちづくりを急速に進めることができた。子育て施設や特養などの高齢者向け施設の整備率も政令市でトップです。

合併建設計画以外にも追加のまちづくりを進めたため基金残高は厳しいが、他の財務指標は新潟県や他の市町村に比べてもそれほど悪くはない。2016年度からプライマリーバランスを予算編成段階ではプラスにしてきました。基金も積み増しに転じています。

浜松市も大合併をして政令市になりましたが、今度の選挙で現職市長は7行政区を2区か3区に再編することを市民に問いかけました。区の再編で財源を確保し、次のまちづくりを進めようとの問題提起です。

北川　基金残高だけが問題ではなく、まちづくりを進める時には取り崩していく時期があっていい。新潟市は合併建設計画とセットで10年間の財政計画も示してきているし、公共施設の再編に向けての準備が進んでいる。

学校の統廃合に合わせ、既にいくつかの地域でモデル的な公共施設の再編に取り組んでいるのは先駆的事例です。これを今後しっかりとやり切っていくことが大事だ。浜松の取り組みもいいことです。それぞれの特性を活かして思い切った夢・ビジョンを打ち出すことが真の地方創生につながっていく。従来の積み上げだけでは、地域は変わりようがありません。

上山 それぞれの地域で状況が違う。そこを認識しないと。大阪は大阪、新潟は新潟です。これまでは全国一律でね。国がおカネを出すものだから、それをもらって何かやっていれば良かったけど。

篠田 国はダイバーシティ（多様性）が大事だ、と言うが、やっていることは画一的です。

上山 国が、ダイバーシティを上から下に垂れ流しているのでは、地方創生とは言えませんね。新潟のことは新潟で考えないといけない。国に言われて考えているのでは本物ではありません。

地方は国依存から脱却を

北川　だから、国も本当に姿勢を変えてもらわないといけないんだけど、地方にも問題がある。地方はやっぱりまだ国に依存している。だから自治体のトップの姿勢が大事なんです。地方から変えていくには決意、覚悟がいるんですよ。国に従って、補助金をどこまでもらってくるか、ここはもらうのをやめるのか。地域主権や地方創生を目指して、きちっと区分けしていかないと。それを決めるのが政治主導です。ここは公務員では改革できません。公務員は、法律をきちっと守ってやっていくし、補助金があれば飛びついていく。それを全面否定するわけではないが、今後は大きな判断が必要になる。官僚にそこまで判断を委ねたら、官僚独裁になる。新潟は官僚主導でずーっときたから、その結果、人口が減ったんだと思う。国に使われてきた部分がある。

篠田　まさに、地方からビジョンや絵を描き、自らの政策にしていく時代に入っているわけですね。地方創生を新潟から切り開いていきたいし、新潟では県と市町村が力を合わせる態勢が他地域よりは整っていると思う。その優位性を活かして力を合わせていきたいと思います。今日はありがとうございました。

第一章

甦れ、緑の砂漠に奇跡が起きる

西暦	市民生活への取り組み	ニューフードバレー構想
2003	「市政懇談会」を「市長と語る会」に改め、地区事務所単位で開催。	
2005	女性センターを「男女共同参画推進センター（アルザにいがた）」に名称変更。	レスター・ブラウン氏を招き「食と花の世界フォーラム」プレ開催。服部学園理事長の服部幸應氏が「食と花のアドバイザー」に就任。
2006	大和新潟店に行政サービスコーナー「なかなか古町」開設。新潟市パスポートセンターを古町に開設。	
2007	コールセンター「こたえてコール」開設。「市長と語る会」を「まちづくりトーク」に改称、全区で春と秋に開催。「自殺対策協議会」設置（自殺死亡率は2015年に政令市第2位から6位へ低下）。新・市民病院開設。ドクターカー運行開始。	「佐野藤三郎記念・食の新潟国際賞」を制定することを決定。フードメッセを本格開催。「食と花の銘産品事業」をスタート。
2008	国・県に先駆けて「男性の育児休業取得促進事業奨励金」の支給開始。	「がんばる農家支援事業」を開始。第28回「全国豊かな海づくり大会」が新潟市で開催。自然栽培農家を取り上げた映画『降りてゆく生き方』が全編新潟ロケで製作。県内8大学と「食育」「健康」をテーマに連携協定締結。
2009	「急患診療センター」、保健所を移転・充実。	完全米飯給食を実施。地産地消推進の店認定制度の開始。
2010	新潟市消費生活センターを西堀ローサに移転し、相談日を拡充。	
2011	「第2次男女共同参画行動計画」を策定。	

2012	DV被害者支援を行う「配偶者暴力相談支援センター」開設。	国際農業研究センター構想をアグリパークと農業活性化研究センター、食品加工研究センターとして整備することを決定。鳥屋野潟南部に複合施設「いくとぴあ食花」を整備することを決定。ニューフードバレー構想を作成。
2013	市民病院に南棟を増設し、精神科病棟16床の運用を開始。	「市農業活性化研究センター」が完成。
2014		「アグリパーク」オープン。「いくとぴあ食花」グランドオープン。すべての子どもたちに農業体験と食育を実施。「6次化大賞」実施。国家戦略特区に新潟市が大規模農業の改革拠点として指定。
2015	市民病院「患者総合支援センター　スワンプラザ」を開設し、ワンストップサービス化を推進。	ローソンが新潟市の若手農業者と組んで国内初の特例農業法人を設立。ICT農業をNTTドコモなどが開始。市農業委員会が新たな役割分担で合意。
2016	市附属機関等における女性委員の割合が42.7%になり政令市第2位。「在宅医療・介護連携センター／ステーション」を各区に設置・運営。	農家レストランが全国で初めてオープン。12次産業化優良事例表彰を開始。「健幸づくり」応援食品認定制度の運用開始。ドローンを活用した水田・防風林の管理にNTTドコモらが着手。レストランバスが新潟市で全国初の運転開始。ガストロノミーツーリズム構想を作成。
2017	中央区役所のNEXT21移転に伴い、中央区窓口サービス課でライフイベントに関わるワンストップサービスを実現。東区に新潟東署が新設されたことにより、全区に警察署が設置される。	くろさき茶豆がGI取得。「新潟の農業と今後の課題」を提言。西蒲区岩室で「温泉ガストロノミーウォーキング」開催。
2018	住民票の写しなど各種証明書が取得できる「コンビニ交付サービス」を開始。	「がんばる農家支援事業」などの既存事業を廃止した上で見直しを実施し、「元気な農業応援事業」に改革。安倍首相が「ローソンファーム新潟圃場」(江南区)を訪れ、市が進める最先端スマート農業の取り組みを視察。

食料自給率63％の都市

２００５年10月までに新潟市は近隣14市町村との大合併を終え、81万都市となった。新・新潟市はどんな都市なのか。市民に示すため、新潟市長（当時）篠田昭らはさまざまなデータを収集した。「農業産出額」「水田面積」「コメの収量」など、農業分野では市町村の中で「日本一」の数字が並んだ。中でも特筆すべきは「約63％」という食料自給率だった。新潟市が目指していた政令市の数字と比較すると、トップは仙台市で７％台。三大都市圏の政令市は３％以下の数字が並ぶ中で、突出した数字だった。「新・新潟市は、日本にこれまでなかった大農業都市なのだ」という事実を篠田はじめ市幹部はかみしめた。

日本のコメ農業の問題点を凝縮

しかし、その大農業都市は多くの問題点を抱えていた。コシヒカリを中心とするコメにあまりに依存し、水田面積が約２万７千ヘクタールと他市町村を圧しているにもかかわらず、全国の園芸・畜産農業に比べると生産性が極めて低い状態だった。新潟市農業の脆弱《ぜいじゃく》性は、すぐに数字にも表れた。合併当時は日本一だった農業産出額が、すぐに愛知県田原市に抜かれ、続いて宮崎県都城市にも抜かれた。コメへの依存度が高い新潟市農業は、コメ価格の下落が直ちに農業産出額の低下に反映するのだ。「新・新潟市は日本のコメ農業の問題点を日本一凝縮している都市」との嘆きも出た。また、信濃川、阿賀野川という2つの大河の最下流に位置し、低平地が広がる新潟市では、排水ポンプを常に稼働させておかないと水田機能を維持できないハンディも背負っている。この地形的悪条件が農業者の心理にも影響していたのか、当時は減農薬・減化学肥料でコメを栽培する（減・減栽培）農家や有機栽培農家は限定的で、自然栽培農家は皆無と言ってよいほどだった。

世界的写真家が「緑の砂漠」

この状況に警鐘を鳴らしたのが世界的な写真家の天野尚《たかし》（2015年没）だった。天野が撮った佐渡のスギ原生林の写真は、2008年のG8北海道洞爺湖サミット会議場に展示され、世界から注目された。また、独自技術を駆使したネイチャー・アクアリウムが東京・すみだ水族館に設置され、こちらも話題を呼んでいた。天野は、新潟市に合併した旧西蒲原《にしかんばら》郡巻町《まきまち》生まれだ。「現在の西蒲《にしかん》農業は、農薬や化学肥料に頼り切っている。水の条件の悪い西蒲原ではこの農業でやるしか仕方がないと思って、あきらめている。田んぼだけは青々としているが、あぜ道などは除草剤でまっ茶色。これでは『緑の砂漠』だ」と、環境に厳しい天野は語っていた。

大合併して間もない頃、篠田もこの話を直接、天野から聞いた。その時の衝撃を篠田はこう述懐している。「天野さんの言うことは基本的にその通りだし、それは西蒲だけでなく越後平野全体の問題でもある。ただ、対策をまだ打てていない今、発信力の強い天野さんに現状の問題点だけを指摘されると新潟市農業の評判に関わる。『今しばらく、緑の砂漠は禁句にしてくれませんか。これから減・減栽培や有機に力を入れる農家を支援していきますから』と天野さんに頼み込みました」

「食と花の政令市」発足

天野の言葉は、新潟市が次代の農業政策に取り組む大きな契機となった。2007年に新潟市が政令市に移行することが決まり、新潟市は「食と花の政令市」をキャッチフレーズにすることを決めた。そのシンボル事業として新潟の食をアピールする商談型展示会「フードメッセ」と「食と花の銘産品事業」をスタートさせ、2008年には「がんばる農家支援事業」を開始した。意欲的な農家を勇気づけながら、国や新潟県にはない、きめ細かい支援策を打つ事業だ。さらに亀田製菓やブルボンなど地元企業の協力を得て、日本では初となる食をテーマにした「佐野藤三郎記念・食の新潟国際賞」を前年に制定。2010年から2年に1度、食で世界に貢献した人・団体を表彰している。ちなみに佐野藤三郎(1994年没)は亀田郷土地改良区理事長を長く務め、腰まで浸かる深田だった亀田郷の乾田化を軌道に乗せた人物で、中国黒竜江省・三江平原の農地化に協力し日本のOD

A事業化に尽力した。

完全米飯給食も実施

それ以外にも、田園型政令市のシンボル事業として２００９年から完全米飯給食を導入した。「新潟のお米のおいしさを子どもたちに知ってもらい、新潟の農業を子どもたちから誇りに思ってもらおう」（篠田）との思いから始めた事業で、地元のおいしい有機コシヒカリを使用した。この考え方は後の「すべての子どもたちに食育と農業体験」を味わってもらう「教育ファーム」や「アグリ・スタディプログラム」へと進化する。

地域づくりの映画ロケ地に

もう１つ、新潟市で面白い動きが出てきた。地域づくりをテーマとする映画『降りてゆく生き方』の製作だ。「男たちの大和」などの映画づくりに法律家の立場で関わった弁護士の森田貴英がプロデューサーで、シナリオづくりに全国を歩くうち、新潟の地域づくりに着目したのだ。きっかけは森田が一冊の本『変革は、弱いところ、小さいところ、遠いところから』（太郎次郎社）に出会ったことだった。この本の著者である清水義晴は、新潟で「まちづくり学校」を主宰し、全国で地域づくりのアドバイスに当たっていた。新潟に暮らし、新潟市長の篠田とは高校の同級生だった。２００２年、篠田の最初の市長選で選挙責任者を務めた人物だ。その後、体調を崩し闘病中の清水を新潟に訪ね、話を聞いて、清水の著書を原作にすることを決めた。森田は2008年から新潟県内各地の地域づくり現場を見て歩き、新潟に共感すると共に、多くの疑問も抱いた。森田は言う。

「新潟の自然は厳しい。大河津分水のできるまでの越後平野は度重なる水害に見舞われ、『私たちにはどうすることもできない』との一種諦観が地域に根を張ったのではないか。それが今にも伝わり、『耕作に不向きなゼロメートル地帯が広がる新潟では、立派な稲作はできない。仕方ないよね』との気持ちが浸透したのでは……。土地改良が進み乾田化されても、そんな気風が残っているように思えた。新潟で自然栽培をやっている農家はいなかったし、農薬と化学肥料に依存して、楽な農業をやっていた。地域の環境に悪影響を与え、生物にも景観にもマイナスになっているのに改善しようとしない。天野さんが言う『緑の砂漠』。その通りと思った」

奇跡のリンゴから自然栽培伝授

森田は『降りてゆく生き方』の主役に武田鉄矢を起用すると共に、シナリオに自然栽培のコメづくり名人を取り入れた。そのモデルは「奇跡のリンゴ」で知られる木村秋則だった。木村は映画づくりを機に何度も新潟を訪れ、新潟での自然栽培普及に尽力する。木村の来訪を歓迎した1人が、新潟市北区で有機栽培に取り組んでいた宮尾浩史《ひろふみ》だった。宮尾らは「木村塾」の開催を木村に願い出、深い付き合いが始まる。今では自然栽培農業は新潟に大きく広がっている。弘前で木村のリンゴ園の隣に自らもリンゴ園をつくり、自然栽培を体験している弘前大教授の杉山修一は、「木村さんの影響と思うが、新潟では短期間に自然栽培が広がった珍しい事例」と評価する。自然栽培の広がりは、新潟が「緑の不沈空母」になりうる証の1つではないか。宮尾たちの取り組みは、この後の篠田との対談で詳述する。

映画館では上映しない映画

映画『降りてゆく生き方』は村上のまちづくりや学校の森づくりなど新潟県内各地の地域づくりを題材とし、2002年の新潟市長選もモチーフに織り込まれた。全編、新潟でロケし、オーディションに2千人を超す人が応募したことも話題になった。2010年に完成したが、映画館では上映せず、DVDもつくらなかった。まちづくりに熱心な人たちが、それぞれの地域で自主上映するユニークな方式だ。上映会の多くは地域づくりフォーラムと併催で、木村らが参加したトークショーが開かれる。上映会は全国各地で今も続き、地域づくりに多くの示唆を与えている。森田が映画づくりの頃、篠田に語った言葉をつけ加えておこう。

「新潟がこういうコメづくりを続けていけば、環境に意識のある人は新潟のコメを買わなくなります。彼らは無農薬のコメや本気でつくっている食品は多少高くとも買って応援しようという気持ちがすごくあるけど、いい加減につくっているものは安くても買わない。新潟は『仕方がない』という内輪の論理だけでなく、もう少し外の空気を感じた方が良いのではないか」

ニューフードバレー構想を発信

これらの動きの一方、新潟市では「政令市にふさわしい政策を考え、提起するシンクタンク機能を持とう」（篠田）と新潟市都市政策研究所を設置することを決め、所長には大阪など各地で行政経営改革に取り組んできた「改革屋」の上山信一・慶應大大学院教授を起用する。上山らは初年度に「食と農のブランド戦略」と「新潟市のコメ農業」を取り上げ、これを手がかりに3年掛けて「田園環境都市構想」をまとめた。その柱は①都市連携②ニューフードバレー構想③公共交通の再構築④助け合いの新潟モデル⑤新潟みがきと対外発信——の5本だった。

この構想は、その後の新潟のまちづくりの基本となるもので、中でもニューフードバレー構想が与えた影響は大きかった。新潟市は、昭和30年代以降、地元の農産品や水産物を活かして食品産業を伸ばし、「昭和のフードバレー」を構築した。代表的な企業が米菓の亀田製菓や三幸製菓、栗山米菓であり、かまぼこ分野の一正《いちまさ》蒲鉾、切り餅や包装米飯のサトウ食品などだ。これらはいずれもその分野の日本トップ企業で、ビスケット分野日本一のブルボンも本社は柏崎市だが新潟市内に主力工場を置いている。

6次産業化を支援

ニューフードバレー構想は、この21世紀版を目指すもので、地元生産者に6次産業化を促す一方、地元企業にも農産品など新潟の食材活用を促し食品関連産業を活性化する構想だった。モデルは、日本の九州ほどの面積なのに米国に次ぐ世界第2位の食品輸出国であるオランダだった。食の生産・加工・研究クラスターを全土に張り巡らすオランダの取り組みは新潟経済界や研究者らからも注目され、新潟経済同友会などが毎年のようにオランダを訪れた。新潟市もこの構想を踏まえ、6次産業化を支援する「農業活性化研究センター」と「食品加工支援センター」の整備を決めた。両センターはそれぞれ２０１３年、14年に完成している。

国家戦略特区に提案

これらの取り組みを官民で進めてきた新潟に大きなチャンスが訪れる。国が大幅な規制緩和を狙った「国家戦略特区」を計画。全国の自治体などに提案を募ったのだ。ニューフードバレー構想に向かって動き出していた新潟は、農業分野などで戦略特区に提案することを決めた。ユニークだったのは経済界から新潟経済同友会が共同提案者となったことだ。当時の同会筆頭代表幹事でサッカーJリーグのアルビレックス新潟などを率いるNSGグループ代表の池田弘は「新潟農業・バイオ専門学校」も経営し、木村を定期的に講師として招いており、次の筆頭代表幹事となるハードオフ会長の山本善政も木村の自然栽培の強い支持者だったことも幸いした。

新潟市の提案のうち、国は農業分野の規制緩和を評価して2014年、「大規模農業の変革拠点」との位置づけで全国6か所の国家戦略特区の1つに指定した。新潟の農業に注目が集まる時期に、新潟市は食と農のシンボル施設を相次いでオープンさせた。1つは食と花をアピールする「いくとぴあ食花」のグランドオープン。もう1つが宿泊型の農業体験施設「アグリパーク」で、ここには「食品加工支援センター」が併設されていた。特区に指定されたこともあって、2つの施設は全国から視察が相次いだ。

特区事務局との「暗闘」

新潟の農業戦略特区は順調に船出するかに見えたが、実は2014年の夏前から特区事務局が置かれた内閣府の担当者と見えないバトルが始まっていた。農業関連の戦略特区にはもう1つ兵庫県養父《やぶ》市が指定され、こちらは「中山間地農業の改革拠点」の位置づけだった。農業委員会からの権限一部移譲については農地法3条を全部適用することにしていた。一方、新潟市は膨大な農地面積があるため、企業の農地参入に該当する1項と2項を農業委員会から移譲を受けることで合意していた。これに特区諮問会議の一部有識者委員が異を唱え、一時は新潟市の方針を受け入れていた特区事務局もその意向に従ったのだ。

特区担当大臣に「直訴」

新潟市と特区事務局の見解が食い違い、いつまでたっても地域会議の日程が決まらない。ここで新潟市は一種の賭けに出た。特区事務局は特区諮問会議のメンバーである一部有識者委員の意見に押されて農地法3条の全適用に拘《こだわ》っているが、特区担当大臣の新藤義孝の意向は違うとの情報を得ていた。そこで、まず地域会議の新潟開催を決めてもらい、会議の場で大臣・新藤の判断を得ようと考えた。会議には民間委員の中の切れ者、坂根正弘・コマツ相談役も参加してくれたので、まず坂根に現状を伝えた。坂根は「新潟は大規模農業の改革拠点なのだから、養父と違っても問題ない」との判断だった。これに力を得て、会議前に新藤大臣に状況報告したところ「やっぱり、そうだったか。新潟市の案件が進まず、おかしいと思っていた」と言い、「新潟は大規模農業の改革モデルになってくれれば良い。農地面積だって養父と新潟は大違いなんだから」と内閣府事務局の前で明言してくれた。

大臣交代で「白紙状態」に

これで会議はスムーズに進み、「次からは軌道に乗る」と思ったのも束の間だった。新藤が２０１４年９月の内閣改造で交代し、特区担当大臣には石破茂が就任した。内閣府事務局は「新潟での大臣発言は白紙に戻った。石破新大臣には我々から事情を説明してある」と再び高姿勢に戻ってしまった。11月に新潟市長選があり、しばらくは「休戦状態」になった。篠田が４選を果たし、再び事務局との折衝が始まった。「農地法３条の全適用を目指し、新潟市農業委員会との話し合いを継続しつつ、農業戦略特区のプロジェクトを具体化することで広く農業関係者の理解を得る」ことでようやく折り合いがついた。新大臣の石破には「新潟市の水田面積は、（石破大臣の地元である）鳥取県よりも広い。養父と同列には論じられない規模である」などの情報を伝えておいたことも膠着状態の突破に有効だったようだ。

ローソンなど企業相次いで参入

２０１５年３月、農業戦略特区の規制緩和（役員のうち農業従事者が１人でも法人を設立できる）を活用した全国第１号として特例農業法人「ローソンファーム新潟」が設立された。新潟市江南区の農地５ヘクタールにコメを栽培するもので、地元のパートナーは当時27歳の農業者・後藤竜佑だった。地ビールの生産に当たる「新潟麦酒」がこれに続いた。

第2グループとして、耕作放棄畑を小麦で再生させる「新潟クボタ」、苔を栽培し盆栽にする「WPPC」、大手コンビニの「セブンファーム新潟」、地元の飲食チェーン「ars－dining」、障がい者雇用と農業を結びつける「アイエスエフネットライフ新潟」といった特色ある株式会社が特区事業者として名乗りを挙げた。さらに第3グループとして、「東日本旅客鉄道」が酒米を栽培し、それを原料として地元酒蔵が日本酒を製造してJR新潟駅などで販売するプロジェクトを提案。地元の「ひらせいホームセンター」は自社で開発したもみ殻堆肥を使用して野菜類を栽培することとした。2つの事業は2016年からスタートしている。

地元企業として農業戦略特区に手を挙げた新潟クボタの事業展開を見てみよう。同社は2015年8月末に事業計画の認定を受け、特例農業法人「NKファーム新潟」を設立した。市農業委員会からも大きく賞賛された事業は、西区の耕作放棄畑を小麦栽培で再生するものだった。初年度は荒れた農地にひまわりを植え、それをすき込んで農地に戻した。次年度に小麦を栽培、地元の丸榮製粉が「地元産小麦」を売り物にブランドパンをつくって販売している。絵に描いたような6次産業化だ。2018年には6ヘクタール以上で小麦を栽培。一部は西蒲区のワイナリー「カーブドッチ」に販売している。

耕作放棄地を小麦で再生

新潟市の農地面積は約3万ヘクタールで、このうち200ヘクタール程度が耕作放棄地となっていた。特に砂丘地畑が葉タバコの生産減の後作が見つからず、耕作放棄になってしまうケースが目立つ。地元JAではサツマイモなどの生産を奨励し、耕作放棄の広がりを抑えるのに懸命だ。新潟クボタ社長の吉田至夫は、「新潟の気候では小麦の生産が難しく、収量を上げるのが課題だ」と語る。

この事業と並んで力を入れているのが輸出用米の栽培だ。こちらは西蒲区を中心に多収穫米を生産。クボタグループが精米工場を備えた香港、シンガポールを中心に輸出している。従来、日本のコメを輸出すると商談会では評判が良くても、実際に輸出すると船便で日数が掛かる上、スーパーなどで長期間陳列された物が消費者に届くことになる。輸出米について吉田は言う。「残念ながら、これまで日本米は海外で『高くて、まずい』と有名だった。精米工場ができたので、新鮮でおいしい日本のコメを提供できるようになった。コシヒカリでなくとも日本の多収穫米で十分にカリフォルニアや台湾のコメに対抗できる。これを武器に新潟県産米の輸出が急増してきた」。NKファームではコシヒカリは作らず、収量の多い「ちほみのり」や「いただき」などの品種を栽培する。2019年度は面積を9ヘクタールにまで増やすことにしている。

農家レストランは大盛況

農業戦略特区の「効果」を広く伝えてくれたのは、2016年に相次いでオープンした3軒の農家レストランだった。いずれも有限会社が経営するもので、牛を飼育しジェラート販売などで人気の「フジタファーム」がステーキレストラン、地元の野菜・食品類の直売所を運営している「ワイエスアグリプラント」はランチ中心の「空のテラス」を西蒲区で開いた。北区ではフルーツトマト栽培で定評のある「高儀農場」がイタリア料理店を経営し、3軒とも非常に好調だ。初年度から3軒で約10万人の方に利用され、従来からやっていたジェラート販売や直売所に加え、イチゴの収穫体験などにも市内外から多くの人が訪れている。

儲かる農家への挑戦

高儀農場を経営する高橋治儀は、これまでの取り組みをこう述懐する。「私は20年ほど前からフルーツトマトづくりを始めた。粒は小さいがすごく甘い、おいしいフルーツトマトができるようになった。新鮮なものをうちの農場で食べてほしくて、ハウスの中に移動販売車の形式で本格的なイタリアンレストランをつくって提供した。みんな大変に喜んでくれて、農家の収入にもなる。昔から農家はもっと儲かるようにしないとダメだと思っていた。儲けるには農産物をつくってばかりでは限界がある。食の川上だけでなく、食を提供する川下の方にも農家が手を出さなければ、と思っていた。それがフルーツトマトで実現できると実感した。でも、農業委員会からは『移動販売の形態でも移動しないで、恒常的に農用地内に食を提供するものをつくっていいのか。移動しないで営業するのはダメ』って言われる。従業員も肩身が狭かったらしいし、周りにも迷惑を掛けるので一度は止めることにしました」

市長に「高儀にだけは行かないで」

高橋の挑戦は、大きな波紋を広げた。当時の新潟市長が高儀農場を気に入ってくれ、高橋も世界の事例を勉強して「ヨーロッパなどでは、農家レストランが当たり前。おいしいものは農業地帯にあるそうだ」と農業委員会や行政に掛け合っても、「ここは日本だ」と言われ、前進はできなかった。２００２年に新潟市長になった篠田は、市の農政担当者から「高儀のところだけは行かないで下さい」と懇願されたことを覚えている。いったんは農地での飲食提供をあきらめたが、高橋家の挑戦はこれでは終わらなかった。「うまいフルーツトマトづくりはずっと続けてきたし、長男がイタリア料理に興味を覚えて修業していた。次男は農場の方を継いでイチゴ栽培などにも手を広げてくれた。農業が厳しさを増すにつれ、やっぱり消費者に直接、食を提供することが大事だ、と一層思うようになった」と高橋は振り返る。

時代がやっと追いついてきた

そんな高儀農場の思いが実る日がやってきた。新潟市が２０１４年に農業戦略特区に指定され、規制緩和項目の１つに「農用地での飲食提供」が認められた。農家レストランの道筋がようやく見えてきた。高橋は農家レストランに手を挙げることを決め、さらに勉強を重ねた。夢の実現は容易なことではなかった。特区で農地法の規制は緩和されるが、他の都市計画法や消防関係の法律では緩和条項はなかった。レストラン予定地への道路幅や消防の水源確保など多くの難関を乗り越える必要があった。特区を取得した新潟市にも当時はノウハウが少なく、助言も限定的だった。しかし、高橋は多くの難題を乗り越え、農家レストランの実現に突き進んだ。一面の水田を見渡せる景観の良い場所に、地元の木材をふんだんに使った見事なレストランをつくり上げた。２０１６年春の店開きに漕ぎつけた高橋は「これまで若気の至りで、いろいろとご迷惑をお掛けした」と挨拶した。お祝いに駆けつけた篠田は「やっと時代が、高儀さんの考えに追いついてきた。この農家レストランは北区、新潟市の財産になる」と高橋の労をねぎらった。

開業３年を経た今も、高儀農場をはじめ３軒の農家レストランは高い人気が続いている。２０１９年の４月下旬、高儀農場のレストランに行ってみた。寒気が入り、悪天候の日だったが、昼前でほとんど席は埋まり、帰る時には空席待ちのグループが何組も順番を待っていた。ここでは毎日、席の半分だけ予約を受け付け、あとは順番待ちのシステムを取っている。「予約でいっぱい」を避けるためだ。一番人気は自慢のトマトを使ったパスタで、イチゴ狩りも人気だ。高橋は言う。「やはり、新鮮でおいしいものを現地に来て食べてほしい。うちは後継者がいるから、これだけの投資ができた。農家がもっと儲かるように、消費者と直接結びつくやり方を多様にしていかないとね」

石破担当大臣が絶賛

２０１７年、特区担当大臣（当時）の石破茂が新潟市を視察に訪れた。ローソンファームで水田センサなどＩＣＴ農業の広がりを見て、石破は「なあんだ、新潟が一番進んでいるんじゃないか」との感想を漏らした。特区の立ち上げの際、諮問会議の意向を受けた内閣府事務局と激しく争った新潟市は、事務局の受けが悪く、各種視察でも後回しにされがちだったが、多くの視察者が新潟市の取り組みを評価している。石破はその後訪れた高儀の農家レストランが特に気に入ったようで、「こんなおいしいパスタは初めて」「銀座で３万円のイタリアンを食べるんだったら、新幹線に乗って、きれいな田園風景を楽しんで新鮮な料理を味わった方が良い」などと賛辞を並べた。

「どうせなら農業特区の新潟で」

規制緩和の活用で多くの企業が新潟市で農業参入を果たしたが、篠田が「ある意味、それよりありがたかった」と言うのが、規制緩和は使わないものの「どうせ農業をやるなら、特区になった新潟で」という企業の動きだった。新潟市の農業戦略特区が具体的に動き出す2015年1月にまず、大手広告代理店「電通」とゲノム解析が専門のベンチャー企業「ゲノメディア」が組んで新潟市の農産物の特長をデータで証明し、ブランド力の向上を図る取り組みを提案。新潟市と連携協定を締結した。第1号に選んだのは新潟市民が愛してやまないブランド枝豆「黒埼茶豆」だった。そのうま味の元をゲノムで解析すると共に、電通は若い女性の好みをリサーチし、これを組み合わせてさらに評価される品種改良に結びつける計画だった。次いで2月には飲食店情報サイトを運営する「ぐるなび」が新潟市と「地域活性化包括連携協定」を締結した。自治体との提携は京都市に次ぐもので、これに基づき新潟の食や酒が「ぐるなび」から全国に発信され、「新潟SAKEレストランウイーク」など同社のイベントが新潟で展開されていく。

オランダ型植物工場が誕生

さらに、パナソニックが植物工場の実証実験を開始すると、重厚長大企業参入が相次いだ。IHIが衛星を使ったICT農業で参入すると、JFEエンジニアリングが最新式オランダ型で2ヘクタール規模の植物工場を新潟市に提案した。ミニトマトを生産するタイプで、同社が北海道の苫小牧に第1号を建設していた。同社の岸本純幸《すみゆき》社長（当時）は「新潟市はオランダ型農業を勉強しているし、企業の提案をしっかりと聞いてくれる珍しい自治体」と新潟市に好感を持ち、その後もさまざまな情報を提供してくれた。この動きに反応したのが西蒲区の農業生産法人「エンカレッジファーミング」だった。社長の近藤敏雄は「新潟市から話を聞き、すごく興味を持った。その後もＪＦＥエンジニアリングや国と話をつないでくれた。うちが植物工場をつくれたのは新潟市が農業戦略特区に指定されたお陰」と振り返る。国内最大規模の植物工場は２０１６年７月に着工し、２０１７年9月末に完工。11月にお披露目された。農水省の「産地パワーアップ事業」の助成を受け、総事業費は11億円。土を使わない養液栽培でミニトマトを通年栽培し、当初は年間４００トンの収穫を目指す計画だ。近藤は「冬場の曇天や夏場の高温をコンピューター制御でカバーし、温度や湿度、日射量の他、二酸化炭素濃度等で養液量などを栽培に適した環境に調整できる。オランダの技術を輸入した世界最新鋭の施設」と語った。同年12月から稼働したが、いきなり翌年1月からの大雪、そして夏の猛暑に見舞われ、「どうなることかと冷や冷やした」と近藤は言う。厳しい気候を乗り切ったことで大きな自信を得、特区規制改革のうち外国人材の活用も申請し、認められた。

ＩＣＴ農業が次々と展開

未来型農業は他にも広がっている。２０１５年5月にＮＴＴドコモと東大発のベンチャー企業「ベジタリア」、地元のＩＴ企業「ウォーターセル」の3社が、水田の水管理を水田センサとスマホで管理するシステムを新潟市に提案、４者で協定を結んだ。ローソンファーム新潟などがこのシステムを実証実験し、特区担当大臣の石破の視察につながった。さらにドコモとベジタリアはドローン開発の「自動制御システム研究所」（千葉）と組んでドローンを使った稲の生育管理、「エアロセンス」（東京）とは海岸保安林の松枯れ対策にドローンを活用するプロジェクトを提案。２０１６年9月に新潟市と連携協定を締結した。ＮＴＴドコモの加藤薫社長は「新潟市は企業との垣根が低く、非常に話がしやすかった」と新潟市との組みやすさを語っていた。一方でベジタリア小池聡社長はこの縁で新潟市西区に畑を持ち、西区が力を入れているさつまいも栽培などに取り組むようにもなった。

ＩＴ投資ビジネスからの転身

小池はもともとＩＴ関係のベンチャーキャピタリストで、20世紀末まで米・シリコンバレーでＩＴ投資家を相手にマネーゲームの世界にいた。２０００年に日本に戻り、創業して上場までしたが、「50歳になる手前で迷いが出た」と言う。「人生１００年時代と言われるが、人生の後半戦のライフワークを見つけたかった。もっと地に足をつけて、社会的意義が感じられる仕事がしたかった。ちょうど東大がＥＭＰという社会人向けのビジネススクールのコースをつくったんで、その1期生として学ぶうちに健康に目が行き、そこから食と農業への関心が出てきた」と小池は言う。東大ＥＭＰの講義で、ＪＡ職員から米国に渡って研究者になり、後に東大教授を経て熊本県知事になる蒲島郁夫の話に感銘を受け、東大ＥＭＰ修了後の２００９年に就農した。

栃木・那須地方で野菜のハウス栽培をやり、有機栽培や自然栽培も手がけた。「最初はほぼ全滅の状態でした。東大ＥＭＰの担当教官で植物病理の権威の先生に相談すると、主要な作物の病気になるメカニズムは分かっているんだと聞いた。湿度とか温度もこうすれば病気が防げるところまで分かっている。それを計測して制御できれば、ちゃんと栽培ができる。いま僕はＩＣＴ農業機器を扱っているけど、最初は使う側、ユーザーだったんですよ」と小池。ＩＴからいったん足を洗った小池だったが、「農業でまた、ＩＴを使うようになるとは思いませんでした。しかし、考えてみると、今やあらゆる分野でＩＴを使うことが当たり前になっているのに、農業だけが使っていなかったんですね」と言う。水田センサや栽培管理などの農業技術をマニュアル化する企業と付き合いが始まり、意気投合してベジタリアのグループ会社になってもらった企業も出てきた。

「農業特区の新潟でやりたい」

新潟市で水田センサや農産物の栽培管理技術をまとめた「アグリノート」などを手がけ

る「ウォーターセル」もその1つだ。「もともと祖父母が佐渡出身の縁もあった。でも、決定的だったのは新潟市が国家戦略特区になったこと。私たちと組んだNTTドコモの経営陣も『どうせICT農業に取り組むなら特区になった新潟市で』と言っていた」と言う。小池は「奇跡のリンゴ」の木村秋則の取り組みにも注目し、木村流の自然栽培をデータ的に裏づけしようとしたこともあった。「データ的には、必ずしも木村さんのやり方が最高とはならなかったが、木村さんの実践は日本農業への問題提起として素晴らしかった。ただ、日本では自然栽培にしろ、有機栽培にしろ、それぞれの流派というか、こだわりがある。これが逆に日本での普及を妨げている面がある。欧州農業ではオーガニック栽培が大きなウエイトを占め、イタリアなどでは自然・有機栽培が15%ほどを占めている。日本では0・2〜0・3%程度です」

小池は「新潟では『降りてゆく生き方』の映画づくりの影響が大きく、この10年でかなり良い形で自然栽培が伸びてきた」と新潟の自然栽培の取り組みを評価しつつ、「これからの農業では、不要な壁はない方が良い」との考えを取る。「日本で本当に攻めの農業を進めるには、自然栽培でも有機でも、あるいは慣行農業（一般農業）もエコファーマーも特別栽培も、データの裏づけをしっかりと取っていくことが重要だ。流派ではなく、科学に裏打ちされた、それぞれのやり方を認め合っていく方向が求められる」と語る。これは、新潟で自然栽培に情熱を注ぐ宮尾浩史らの考え方と奇しくも一致している。

スマート農業の時代到来

小池は国の農業政策づくりにも詳しい。「日本再興戦略２０１６」や「未来投資戦略２０１８」などで、国はＩＣＴやＡＩを駆使したスマート農業の重要性を指摘してきた。「いよいよスマート農業が研究開発・実証の段階から、普及の時代に入ってくる。農水省のホームページでも新潟市の事例や僕らの取り組みが紹介されている。地方の経営資源で重要なのはやはり農林水産業であり、そこにスマート農業という新しい波が寄せてきている。でも、地元の人はあまり気がついていない。ドローンもＧＰＳも使える時代になってきたわけで、ざっくり言うと木村秋則さんの志とグーグルの技術のコラボレーションが可能になっている」と小池は言い、次の時代への新潟の優位性を指摘する。

「新潟市は農業戦略特区になり、スマート農業にもいち早く取り組んできて、これからの農業の可能性を引き出せる土壌がある。さらに食の新潟国際賞や新潟食料農業大学の設置など先進的事例が多い。新潟クボタや井関農機の新潟工場などは無人化やＩＣＴ農機具の開発に先進的に取り組んでいる。今後は土地改良や基盤整備分野においてもスマート農業の考え方を国は入れてくる。農業特区やＩＣＴ農業に取り組んできた新潟市の方向性を国が追認しているわけで、パイロット機能を果たしてきた新潟市にスマート農業に関心を持つ企業らは注目している、何より、新潟市は農業戦略特区になった後、相談窓口を明確にし、さまざまな企業とコラボレーションをしてきた。これは大きな武器というか、財産になります」

「天使の唇」がロシアのフィギュア選手に

2018年2月、韓国・平昌《ピョンチャン》で冬季オリンピック・パラリンピックが開かれた。この大会に向けてロシアのフィギュア選手たちは新潟市のアイスリンクで直前合宿を行った。選手団の中には女子個人で金・銀のワンツー・フィニッシュを決めることになるザギトワ、メドヴェージェワの2人の姿もあった。新潟市のホテルでの歓迎式に新潟市から贈られたのは「天使の唇」と名づけられたミニトマトだった。これは、農業戦略特区に手を挙げた「アイエスエフネットライフ新潟」が西蒲区に開設した農業生産法人「たくみファーム」の手によるミニトマトだった。粒が小さく、真っ赤の彩りが鮮やかな品種で、トマトと思えぬほど甘味が強い。プレゼントを受け取ったメドヴェージェワは「なんておいしいの」と嘆声を上げ、ザギトワもおいしそうに頬張った。

「農福連携」の一翼も担う

たくみファームは規模こそ小さいが、「天使の唇」をブランド化すると共に、栽培作業のデータをきちんと取り、日本ではまだ広がりの小さい農産品の国際基準「グローバル・

ギャップ」をミニトマトなどで取得した。たくみファーム取締役・伊藤達也は、「まだまだ規模は小さいが、ブランドトマトとして新潟市の『ピアBandai』では確かな人気を獲得できている。今後、新潟市に来なければ味わえないマグネット・ブランドに育てていきたい」と手ごたえを語る。たくみファームのもう1つの特長は障がい者を活用していることだ。もともとIT企業のアイエスエフネット・グループは精神障がいを含む障がい者雇用で実績がある。西蒲区では、たくみファームと連携する農事組合法人「アグリ悠悠」と共に「農福連携」の一翼を担っている。

「緑の砂漠」が大きく変容

写真家の天野尚が10年程前、「緑の砂漠」と呼んだ西蒲区をはじめ新潟市の農業は「革新的農業実践特区」の指定を受けたこともあって大きく変わりつつある。西蒲区だけでも2軒の農家レストランが都市部から人の流れをつくり、農業戦略特区の規制緩和を活用した「NKファーム」「たくみファーム」など、企業も農業に参入して、これまでにない取り組みを始めている。「エンカレッジファーミング」は日本最新鋭の植物工場を運営し、間もなく外国人が働く姿が当たり前になる。「田園型政令市」を推進してきた前新潟市長・篠田昭はこう語った。「西蒲区は稲作の大規模化や水田の集約も他の区に比べれば進んでいる。そこに農業戦略特区効果が出始め、未来型農業・農村の姿が西蒲区で実感できる。近くには岩室温泉やワイナリーのカーブドッチがあり、『食と農と文化の交流』を実践できる地域だ。10年ほどたって、天野さんから怒られないぐらいの取り組みができたのではないか。いや、厳しい天野さんだから、『こんなもので満足しているんじゃない』と檄を飛ばされるかな」

天野が亡くなって4年になる。2015年1月、ポルトガルのリスボンにある水族館に最大級のネイチャー・アクアリウムをつくったのが最後の仕事となった。天野の言う「緑の砂漠」がどう「緑の不沈空母」に生まれ変わっていったのか――それぞれの目で確かめてほしい。

【対談】大地を信じ、今日も耕していく

宮尾農園代表　宮尾浩史

見渡す限り青々とした水田が広がる新潟市北区大月《おおづき》（旧豊栄市）。宮尾家は江戸時代の昔からこの地でコメをつくり続け、1964年生まれの浩史で実に10代目を数える。早くから無農薬の「環境に負荷をかけない農業」を志し、現在は約4・3ヘクタールの田すべて〝自然栽培〟でコシヒカリや亀の尾など5種類の米をつくっている。「自然栽培新潟研

宮尾農園代表　宮尾浩史さん

究会」の会長として自然栽培の普及に努める宮尾は、篤農家として県外にまで知られる存在だ。

とはいえ、すんなり農家を継いだわけではなかった。少年時代は農業に興味を持てず、中学卒業後は長岡市にある長岡高専（長岡工業高等専門学校）の機械工学科に進学。食品会社の加島屋に入社し、北海道でスジコやタラコの加工にたずさわった。この時の経験が、その後の進路に大きく影響したという。

「海産資源が傷んでいる現場を目の当たりにして、人間が環境に悪影響を与えていることを感じた。それで環境に関心が出てきたんです。もともと加島屋は食に厳しくて、添加物を使わない。〝生命を支える本物の食品をつくる〟ことを目指す会社だったことも大きかったですね」

環境を意識するようになり、初めて家業である農業にも関心が出てきた。父の武郎に田を1反（約10アール・約300坪）借りて、無農薬でコメをつくり始める。会社勤めのかたわら農業を始めた動機として、「食べて健康になるものをつくりたい」「無農薬で自然に負荷をかけない農業をやりたい」という思いが強かったという。

知人の紹介で妻の久美子に出会い、1992年に結婚。2年後の1994年、30歳を機に加島屋を退職し、専業農家として生計を立てていくことを決意する。

北区大月はほとんど水田だけの単作地帯だったが、家を継いだ宮尾は稲作以外に「平飼い養鶏」（鶏をケージに閉じ込めず、鶏舎内や屋外を自由に歩かせる飼育法。鶏のストレスが少ない）も始めた。

「もともと養鶏はコメづくりと相性がいいんですよ。田んぼの副産物である稲わら、もみ殻、畦草《あぜくさ》はそのまま鶏のエサになりますから。ヒヨコには玄米とか、特にいいエサをやっています。1995年に200羽から始めて、今はヒヨコも入れて全部で800羽ほど飼っています」

米を食べて育った鶏が産む「元気たまご　みやたま」は、「自然栽培米コシヒカリ」とともに宮尾農園の人気商品だ。

自然栽培を始める前、宮尾が取り組んでいたのは有機栽培だった。2006年には「新潟有機稲作研究会」を設立し、仲間とともに研究を重ねていく。

門外漢にはわかりにくいが、「自然栽培」と「有機栽培」は無農薬という共通点がある一方、相容れないところもある。有機栽培では化学肥料を使わないが、昔ながらの堆肥のような肥料は積極的に使う。一方、自然栽培では農薬はもちろん、有機肥料さえ使わない。

信濃川と阿賀野川の最下流に位置する新潟市周辺はもともと稲作に不向きな地域であり、農薬と化学肥料を使うのが当たり前だった。当時、自然栽培でコメをつくっている農家など1軒もなかったという。
そんな中、宮尾は『奇跡のリンゴ』（石川拓治著・幻冬舎）という本に出会う。とりわけ難しいとされるリンゴの自然栽培に挑んだ青森のリンゴ農家・木村秋則の苦闘の記録であり、大きな感銘を受けた。２００９年、『降りてゆく生き方』という映画をきっかけに、その木村が新潟市にやってきた。木村と出会い宮尾はコメの自然栽培を始めることになる。
加工されていない天然の「根曲がり杉」を梁に使い、格式ある老舗旅館のようなたたずまいの宮尾家の居間で、宮尾の話を聞いた——。

「新潟方式」となった自然栽培

篠田　昭　始まりは武田鉄矢さんが主演した『降りてゆく生き方』という映画を撮るため、森田貴英さんというプロデューサーが新潟市にやってきたことでした。２００９年に全編、新潟でロケをした。その中に「自然栽培でコメづくりをする名人」が登場するんですけど、そのモデルが木村秋則さんでしたね。

宮尾浩史　不思議な縁ですよね。篠田さんもモデルの1人で、映画にも出ています。

篠田　舞台になった「あおぞら市」の市長選でね。あの映画のお陰で私も木村さんと知り合い、木村さんも定期的に新潟市に来るようになりました。宮尾さんはどのように木村さんと出会ったのですか?

宮尾 映画が完成して新潟で上映を始めるとき、ゲストで木村さんも来たでしょう。その時、森田さんが「木村さんが来るんだけど、宮尾さんの田んぼに連れて行こうか?」と言ってくれて。有機栽培をやっている仲間たちに声をかけて、うちの田んぼで木村さんの話を聞きました。すると、その後も定期的に新潟に来るという。それで我々のような農家向けに「木村塾」を開いてくれませんか、と直接お願いしたんですよ。

篠田 新潟農業・バイオ専門学校(NSG)が木村さんを講師に呼んで、「自然栽培講座」を開くことが決まっていた。そっちは専門学校生が相手ですから、プロの農家向けに「木村塾」をやってもらおうということですね。

宮尾 はい。すると二つ返事で引き受けてくれたんです。しかも謝礼も取らずに。それで木村さんが講座をやる前日の夜に30人くらい集まって、うちのかみさんたちがつくった夕食を食べながらお話を聞いた。そんな感じで木村塾がスタートしたんですよ。翌年の2010年から、私自身も自然栽培のコメづくりを始めました。

篠田 そこから新潟で自然栽培が広がっていった。宮尾さんは「自然栽培新潟研究会」という組織も設立します。

宮尾 はい、2015年に設立して今では60軒80人くらいメンバーがいます。農家が40軒くらいで、あとはカフェをやっている人や食に関心の高い消費者や家庭菜園をやっている人などです。これは市長だった篠田さんの存在も大きかったです。お陰で木村さんとの縁もできたわけだし。

篠田　いや、見守ってはいましたけど、直接支援したわけではないから。やはり宮尾さんたち現場の農家の人たちが自主的に始めたから伸びたんでしょう。他県では「新潟方式」とも呼ばれているそうです。

土・自然が持っている生産力を信じて

宮尾　木村さんには「コメは自然栽培に向いている」と言われたんですけど、やはり最初は確信が持てませんでした。それまでやっていた有機栽培は、土を良くするために堆肥やボカシ肥など有機物を入れるわけです。一般栽培でもそうでしょう。いい肥料を入れる。

篠田　そうですよね。ところが自然栽培は農薬はもちろん、有機肥料さえ使わない。それでおいしい作物ができるというのは、素人からするととても不思議な気がします。

宮尾　私も最初は疑問でした。「もらうだけで何も入れない」というのは農業者として、すごく土に申し訳ないような。だけど考えてみると、江戸時代までの日本は基本的にそうやって農業をしてきたわけですよ。人や家畜の糞尿を堆肥化したものを多少使っていたくらいで、全部の農地をまかなえるほどの肥料はなかった。にもかかわらず、当時で世界トップレベルの穀物生産量を誇っていたんです。

篠田　考えてみれば、山の木には肥料なんてやりませんね。50年とか100年かけて育った木を人間が切り取っていっても、また木が生えてくる。

宮尾　もともと土や自然にはそれくらいの生産力があるわけです。さらに下草や虫や微生物もいるし、枯れた植物などの有機物もあるわけで、そういう物を分解しながら栄養を生み出し、循環していく。調べてみると、自然栽培の田んぼには栄養を生み出す微生物がとてもたくさんいることがわかってきた。実際、自然栽培でも一般的な栽培の6割から7割の収穫量は十分に上げられるんです。木村さんのようなスペシャリストになると、9割近くまで上げることもできる。

篠田　うーん、まったく肥料をやらずに毎年収穫して、それでも田畑の地力は落ちないものですか？

宮尾　はい、弘前大学の杉山修一先生が木村さんのリンゴ畑を調べてみると、30年もまったく外からの栄養を入れていないのに、肥料を入れている畑よりも栄養（窒素）が多かった。うちの田んぼも調べてもらったら栄養は十分でした。当時はまだ有機栽培もやっていたんですけど、肥料をあげている有機の田んぼよりも自然栽培の田んぼの方が窒素が多かったのです。

肥料がなくても食糧生産はできる

篠田　宮尾さんは「自然に負荷をかけない農業をやりたい」とおっしゃいました。無農薬はわかりますが、肥料も自然にとっては負荷なんでしょうか？

宮尾　有機栽培をやっている時は、堆肥やボカシ（有機物を発酵させたもの）などは田んぼや畑にとって最高のごちそうだと信じていました。それが木村さんに会ってから、「負荷なのかもしれない」と思うようになってきた。本来、地球の大地というのはもっと豊かに生み出す力を持っていて、人為的な肥料なんてやらなくても、残った草の根っこや落ちた葉っぱだけでも人が生きていけるくらいの食糧の生産はできるということがわかってきたんです。田畑に施された肥料の7～8割は空気中に揮散して温室効果ガスとなるか地下に流れて地下水、河川、海を汚してしまいます。作物に吸収されるのは2～3割なのです。

篠田　こうやってお話を聞いてみると、有機栽培と自然栽培ではずいぶん考え方が違うんですね。

宮尾　そうですね。木村さんも「有機栽培は（一般栽培よりも）むしろ遠い」と言っていました。有機というのは無農薬で、さらに作物が順調に育つように堆肥や有機肥料を積極的に投入する感覚なんですけど、土への思い入れが強い分肥料を使わない自然栽培に抵抗がある。農薬や化学肥料を使う一般栽培の人たちは、土へのこだわりが少ないのではないでしょうか。

篠田　なるほど。有機栽培はこだわりがある分、今までの考え方と違う自然栽培のハードルが高いわけですね。

宮尾　実際、私たちも最初はハードルが高かったですよ。例えば有機栽培の時は草が敵なわけです。常に草と戦っている。もう追いかけられるような感じだったんですけど、自然栽培はそういう感覚ではない。

篠田　自然栽培は除草もしないんですか？

宮尾　いや、除草はしますけど。迷惑な草を取って無くすというより稲を元気にする意識です。例えば、山は100年で1センチの土壌を形成するそうです。それは落ち葉とか、倒れた木とか、死んだ生き物の死骸などが微生物によって分解され、堆積していくわけでしょう。そう考えると、草は敵じゃなくて、むしろこの土を作ってきてくれた祖先のような感覚なんですよ。対立するものではない。しかも自然栽培だと肥料を入れないので、草もそんなに大きくならないんです。

篠田　そうか。肥料を入れると稲だけじゃなく、雑草も元気になってしまうんだ。

宮尾　そうなんです。草の伸び方に有機栽培のような勢いがない。中耕除草といって爪のついた車輪を並べた機械で田んぼの土をかき混ぜることで土の表面で微生物が作った栄養を土の中に入れたり土の中に発生したガスを抜いて稲の根を元気にする。稲が元気に育つことで相対的に草は元気になれないんです。

生き物たちが田んぼを生み出している

篠田　それまでは有機栽培でやっていたわけでしょう。有機に比べて、自然栽培が大変なのはどういうところですか？

宮尾　有機に比べたら自然栽培は全然大変じゃありません（笑）。女房がよく言うんですけど、「自然栽培の田んぼは入ると気持ちがいい」と。同じ農作業でも、有機よりも楽しいです。新潟では有機栽培が広がらなかったけど、自然栽培はけっこうな勢いで広がっているんですよ。有機をしていた人や一般栽培をやっている人が自然栽培に切り替えたり、新規就農で取り組む人がいるからなんです。

篠田　木村さんの話では、有機をやっている人は自然栽培のハードルが高い。それなのに自然栽培に切り替える人が増えているというのは、有機をやっていた宮尾さんが自然栽培で成功したことも大きいんでしょうね。

宮尾　楽しそうに見えるんじゃないかな（笑）。例えば、「草は敵」という考えがなくなるでしょう。春に田んぼを耕して水を入れ、代《しろ》かきをするとミジンコがワーッといっぱい出てくる。すると、「今年も一緒にがんばろうね」みたいな、一緒に生きている感じですよ。人間が勝手に害虫と益虫を区別しているけど、その益虫だって自分たちが食べる害虫がいなかったら生きていけないわけで、みんなつながっている。雑草にだって役割があって、意味のない存在なんてない。自然栽培をやっていると、そんなふうに感じる。稲を一緒に育ててくれる仲間たち。こちらから肥料をやらないから、もともと田んぼにいるさまざまな生き物たちが生み出してくれているんだって感じやすいのかもしれません。

篠田　『奇跡のリンゴ』によると、木村さんは害虫にすごく苦労したようですが、やはり農薬を使わないと害虫は出ますよね？

宮尾　いえ、それがほとんど出ないんです。自然栽培を始めた最初の年に少し出たことがあったけど、あとは害虫に悩まされたことはありませんね。

篠田　不思議ですね。なぜだろう？

宮尾　それも肥料をやらないことと関係しているんだと思います。肥料があると、たくさん栄養があるから稲が不自然に伸びてしまう。人でいうとメタボといったところでしょうか。一方、自然栽培の場合は環境に合わせてじっくり育つので、細部一つ一つがしっかりしていて体がしまっていて、虫がつきにくいんじゃないかな。

篠田　すると自然栽培のデメリットというと、一般栽培よりも収穫量が少し落ちるくらいしか見当たらないわけですか？

宮尾　そうですね。一般栽培の6、7割くらいでしょうか。でも有機栽培の時でもそれくらいでしたから、有機に比べてのデメリットというのはほとんどないように思います。だから有機をやっていた仲間たちも、どんどん自然栽培に移行しているのではないかと。

未来へつなげる農業と「田園型政令市」

篠田　宮尾さんとのお付き合いもかなり長くなりますね。最初はフォーラムのパネリストをお願いしたんでしたっけ？

宮尾　そうです。政令市になる直前、大合併が終わったくらいの頃でした。「新潟は田園型政令市を目指すんだ」というフォーラムで、農家の私としては「この市長、すごくいいな！」と感動しましたよ。新潟市の市街地の周辺には広大な田園が広がっているわけで、その「田園と融合した都市」を目指すんだと。地域にあるものを大事にする、その魅力に気づくことが大切だと思っていたので、それが篠田さんの「新潟市にはいっぱい魅力があるよ」という思いと通じました。

篠田　新潟市で「ないものねだりをするよりも、あるもの探しをしよう」と強く打ち出したことがあって、その時宮尾さんはまさに地元にあるものを大切にする農業をやっていた。まだ木村さんと会う前で、有機栽培をやっていた頃でしたけど。

宮尾　そうですね。うちは規模が小さいんだから、身近にあるものを使って持続的な農業をしたいと思っていた。かつて行われていた農業のいいところを今の時代に合う形にして未来につながるような農業をやりたいと。それで篠田さんが打ち出した「田園型政令市」という考え方にすごく共鳴したんです。

篠田　その後、新潟市が農業特区になるでしょう。新潟クボタとかはすごいパワーで、Ｊリーグでいえばｊ１クラス。だけど私はそういうところだけではなく、家族農園の宮尾農園も応援したかった。一生懸命やっている農業者を応援するわけで、Ｊ１でもＪ３でもいいんです。Ｊリーグは入れ替え制で、がんばればＪ２やＪ１に上がれるわけだし。

宮尾　規模ややり方はいろいろあっても、一生懸命やっている人を応援すると。

篠田　新潟市名物の「総おどり」と同じです。踊りのスタイルは何でもいいんですよ。ただし、一生懸命踊る気持ちがない人は総おどりには参加できませんよと。かつて新潟市の農家は化学肥料と農薬を使うのが当たり前だった。条件が悪い田んぼなんだから、と。それに対して『降りてゆく生き方』を撮った森田さんが「新潟の農家は条件に甘えている」と厳しく指摘したんです。

宮尾　うちのように有機栽培をしているところはあっても、自然栽培をやっている農家なんて１軒もなかったですからね。

篠田　映画づくりがきっかけで木村さんが新潟に来て、「自然栽培はコメが一番楽なんだよ」と啓蒙した。それで宮尾さんたちが最初に始めて、いろいろ大変だったでしょうけど、着実に成功していくと。それを見ていた有機栽培農家が、次々と「俺もやってみよう」という感じになったんじゃないかな。

宮尾　それから新規就農の人たち。今の新潟で自然栽培が盛り上がっているのは、これから農業で生計を立てたいと思う若い人たちが注目してくれたことも大きいです。

篠田　日本は世界で最も大量に農薬を使っている国でしょう。新潟県は特に使用量が多かった。それで写真家の天野尚さんが「新潟は緑の砂漠だ」と言ったんですよ。そこから10年経って、新潟の農業は大きく変わりましたね。自然栽培をする農家がすごく増えた。木村さんのリンゴ園の研究をしている弘前大学の杉山先生が新潟に来た時、「新潟の自然栽培は後発だけど、すごくレベルが高い」とおっしゃっていました。

宮尾　それは嬉しいですね。さらに篠田さんの力もあったと思います。さっきおっしゃったように、J1だけじゃなくて、我々のような小規模のJ3にもスポットを当ててくれたことには本当に感謝しています。市のフォーラムに呼んでもらったり、「多様な農業のあり方」を認めてくれていることはとても励みになりました。

生産者と料理人をつなぐレストランバスがやってきた

篠田　ここ（北区大月）はかつて豊栄市だったわけですが、大合併で新潟市の一部になったことで変わったことはありました？

宮尾　合併前は巻（現・西蒲区）や新津（現・秋葉区）の生産者はすごく遠い感じがした。中央区の元気なシェフと会う機会もあまりなかったですよ。それが同じ新潟市になったことで会う機会も増えて、すごく交流しやすくなりました。我々のような農業を面白いと思ってくれる生産者や料理人と会う機会がとても広がりましたね。情報交換をして技術も上がるし、応援してくれる仲間がいるという感じが……。

篠田　やはり、見ていてくれる人、応援してくれる人がいると励みになりますよね。

宮尾　そうですね。篠田さんもその先頭に立って応援してくれたわけですけど。お陰で自然栽培に興味を持ってくれる市の職員も増えて、すごく良かったですよ。やっぱりトップがそうだと、職員も影響を受けるんでしょう。

篠田　地産地消のネットワークも大合併によって進んだ。旧新潟市、旧豊栄市のままだったら、あまりできなかったかもしれないと思います。

宮尾　そうですね。今の新潟市は中央区を中心として、周りを囲んでいる7区が農業生産が盛んな地域なわけですよね。それが中央区のシェフたちと結びついているというのは、今の新潟市の大きな魅力だし、特徴かなと。そこを大事にして発展させていくことだと思います。

篠田　ありがたいことにJR東日本がそれに反応してくれて。新潟駅ビルの中に地産地消を象徴する「キロメートルゼロ」という店を出した。そこにいろいろなシェフが来て、お客の目の前で料理を作ってくれました。

宮尾　新潟駅って入り口じゃないですか。県外や海外から来た方が、そこで新潟の魅力的な食材に出会うというのはすごくいいことですね。

篠田　新潟の食をアピールする運動のシンボルのひとつが「レストランバス」だと思うんです。ウィラーというバス会社が2階建てバスを7台持っていて、1階を厨房、2階をレストランにして新潟市で運行してくれることになった。ナビゲーターは地元の農家さんで、田んぼや畑、酒造やワイナリーを回っていくというね。去年（2018年）は大月に来たんだっけ？

宮尾　はい。去年、一昨年と個々の集落を回ってくれました。

篠田　やはり、いい農家がいる土地を選んでいるわけだから。それと、大月の皆さんがすごくレストランバスを歓迎してくれて、訪れた方からも喜ばれた。その時、香取慎吾さんや叶美香さんといった有名な方たちが乗って、1時間のテレビ番組を作ってくれたんですよね。すると、そのコースはすぐに完売になっちゃって。

宮尾　みんな、すごく喜んでいました。それも大合併で新潟市になったからこそ、できたことだと思います。

もともと地産地消という考え方は日本が進んでいた。三里四方のものを食べていると病気をしない、とか。ところが世界中の食べ物が食べられるようになって変わってきた。最近になって欧米から逆輸入されている感じですね。

第二章

空き家が実家に！
徒歩15分以内の温もり

西暦	安心して暮らせる街への取り組み	健幸都市づくり「スマートウエルネスシティ」
2003	「地域の茶の間」開設支援本格化（2017年度495か所）。長時間利用可の居場所機能を備えた「うちの実家」オープン。	
2004		中野大輔選手がアテネ五輪体操団体で金メダル。
2005	社会福祉協議会の改革へ、懇談会設置。安心して子どもを産み育てられる街の実現を目指し、次世代育成支援対策行動計画「すこやか未来アクションプラン」を策定。	市民が健康づくりに取り組むための実践プラン（アクションプラン）を策定するため、健康づくり推進委員会を発足。
2006	自立する社会福祉協議会を目指す改革開始。26か所に地域包括支援センター設置。	日本文理高校野球部が県勢としてセンバツ初勝利、8強へ。
2007	児童相談所を開設。	「食育・健康づくり推進本部」を設置。
2008	特養待機者を調査し、1000人の待機者を確認（特養の整備を5年前倒し、2017年度の整備率は5152床となり政令市第1位）。地域で手助けする「認知症サポーター」養成開始。	特定健康診査・特定保健指導を開始。「にいがたっ子すこやかパスポート」の発行開始。
2009	よりきめ細やかな支援体制を整えるため、新潟島の日常生活圏域を分割し、「地域包括支援センター」を増設。	市長がスマートウエルネスシティ首長研究会副会長に。日本文理高校が夏の甲子園で準優勝。
2010	地域包括ケアシステムへの移行を決定。生活困窮世帯の子どもに居場所を提供する「子どもの学習支援事業」開始。	「健幸サポート倶楽部」開設。ワンストップ窓口「子育てなんでも相談センターきらきら」開設。
2011	福祉課題解決のつなぎ役「地域福祉コーディネーター」育成研修開始。	スマートウエルネスシティ総合特区指定。

2012	民生委員負担軽減のための「民生委員協力委員制度」導入。	「ファミリー・サポート・センター」を全市展開。
2013	障がい者就労相談から就職後の定着まで一貫した支援を行う「障がい者就業支援センターこあサポート」設置。	「こども創造センター」「動物ふれあいセンター」がオープン。「新潟市子ども・子育て会議」を設置。
2014	「新しい支え合いの仕組み」づくりを開始。「実家の茶の間・紫竹」開設。全区で看取りを可能にする医療・介護チーム「在宅医療ネットワーク」結成。	「にいがた市健幸マイレージ」を開始。新潟市アイスアリーナ完成。
2015	公益財団法人さわやか福祉財団と包括連携協定締結。「新潟市障がいのある人もない人も共に生きるまちづくり条例」制定。「障がい者基幹相談支援センター」設置。田園資源を活用した就労の場を創出する「障がい者あぐりサポートセンター」設置。自立相談支援機関「新潟市パーソナルサポートセンター」設置、生活困窮状態からの早期自立支援開始。	「にいがた未来ポイント」を開始。子ども・子育て支援新制度への対応として、子ども・子育て支援事業計画「新・すこやか未来アクションプラン」を策定。「市立児童発達支援センター（こころん）」を開設。
2016	「地域の茶の間」開設・運営者育成のための「茶の間の学校」開設。「在宅医療・介護連携センター」を各区に設置。認知症初期段階で、医療と介護の連携のもと支援につなげる「認知症初期集中支援チーム」を中央区、南区でモデル実施。	データヘルス計画を策定。特定健康診査・がん検診の受診率向上に向けた取り組みを強化。健康課題を情報提供するための地域ミーティングを開催。
2017	支え合いの仕組みづくり推進のため2層のコーディネーターを選出。全区9か所の地域包括ケア推進モデルハウス整備完了。	新潟市健康寿命延伸計画「アクションプラン」を策定。健康寿命延伸アワードを開設。「ちょいしお」キャンペーンの実施。
2018	有償ボランティア「助け合い　お互いさま・新潟」をアドバイザー提唱。有償ボランティア育成のための「助け合いの学校」開設。認知症初期集中支援チーム「おれんじサポート」を全市展開。	「新潟市健康経営認定制度」を創設。ウォーキングチャレンジの実施。

新潟市が目指す地域包括ケア

２０１９年年明け、新潟市南区の白根健康福祉センターに続々と地域住民が集まってきた。午前10時から始まる「助け合いの学校.in南区」の参加者たちで、その数は90人ほど。みんな、筆記用具などを持参し、やる気が表情に満ち溢れている。「あんたも来てたんだね」「これからは、こういう助け合いが大事だから」と参加者が語り合う。「すごいよね、こういう会に南区だけでこんなに集まるんだから」と主催者の南区担当者も驚くほどの熱気だ。

「助け合いの学校」はまず、南区役所健康福祉課の田中課長が「助け合いの輪を皆さんから広げてほしい」と開会の挨拶。次いで、市福祉部地域包括ケア推進課の関課長が「地域包括ケア～新潟市が目指す支え合いの地域づくり」のタイトルで、新潟市がこれまで進めてきた取り組みの概要について資料を基に説明した。

新潟市では総人口が減少する中、高齢者の増加が進み、特にこれからは75歳以上の層が大きく増加することが示された。このため、１９７５年では65歳以上の高齢者１人を８・８人の生産年齢人口（15歳～64歳）が支えていた「胴上げ型」だったのが、２０１５年には2・3人が支える「騎馬戦型」に変化。2040年には1・4人で1人の65歳以上を支える「肩車型」になる予測が示された。今後は65歳以上でも、元気な方は「支える」側に回らなければ社会が持たないことが分かりやすく示された。

すべての区にモデルハウス

この状況を基に、国は施設で医療・介護が受けられるシステムから、地域や自宅で医療・看護・介護が受けられる「地域包括ケアシステム」に大きく舵を切ろうとしている。そのシステムを機能させるには、住宅リフォームや健康寿命を伸ばす介護予防の取り組みなどと共に、困ったときは「助けて！」と言い合える「新しい支え合いの仕組みづくり」が欠かせない。お年寄りや障がい者、子どもたち、あるいは子育て中の若い世代が憩える「居場所」が身近な地域にあることも重要な要素だ。新潟市では、そんな「居場所」を「地域の茶の間」と呼び、地域の協力を得て市内全域に「茶の間」が張り巡らされてきた。さらに新潟市では「地域包括ケアシステム」に対応するため、新たに2014年から「茶の間」のモデルハウスを開設し、今は8区9か所で運営されている。

モデルハウスには3つの役割

モデルハウスには3つの機能・役割がある。まず多くの方が気兼ねなく寛げる「居場所」としての機能だ。次に「人材育成」の役割がある。モデルハウスを体感した人が、自らの地域に「茶の間」をつくろうとの気持ちになり、運営のノウハウを実際に学んで新たな「茶の間」の開設・運営に当たる——そんな人材を育てていく機能・役割だ。新潟市では、モデルハウスを開設する一方で、2016年から一般市民を対象に「茶の間の学校」を全区で開講し、人材育成を支援している。

そして、3つ目の役割が「新しい支え合いの仕組み」をつくり、その仕組みを動かしていく「拠点」としての機能だ。新潟市では地域の協力を得て、お年寄りたちのごみ出しや買い物支援に当たってくれる地域が増えているが、さらに困っている人のお宅にまで入ってさまざまな生活支援に当たる「有償の助け合い」を柱として、「新しい支え合いの仕組み」づくりに本格的に取り組み始めていた。

モデルハウス第1号として東区紫竹《しちく》に開設された「実家の茶の間・紫竹」では、「実家の手」と名づけたチケット（1枚300円、11枚で3000円）を媒介とした助け合いから、「新しい支え合いの仕組み」づくりを始めた。チケットを渡すことで、家の電球を取り換えてくれたり、買い物を手伝ってくれたりする取り組みだ。江南区のモデルハウスではJA新潟みらいによる食材提供の仕組みがつくられ、西蒲区では住民ボランティアによる買い物タクシーも始まった。これらの取り組みを発展させ、「有償の助け合い活動」を市内全域に広げ、困っている方のお宅まで入っての生活支援活動を組織化しようとしているのだ。

その拠点がモデルハウスであり、各区で開かれている「助け合いの学校」は、「新しい支え合いの仕組み」づくりの重要性を伝え、その担い手を育成する学校だ。「全国の大都市では、新潟市だけが取り組んでいる」（さわやか福祉財団）先行事例だ。

大きい河田珪子さんの存在

なぜ、新潟市だけがこのような取り組みを進められたのだろうか。それは、30年ほど前に夫の両親の介護を自ら体験し、在宅介護を支援する制度・組織の重要性を痛感して有償の助け合いネットワーク「まごころヘルプ」を新潟市で立ち上げた河田珪子の存在が大きい。河田は、新潟市福祉公社に開設した「まごころヘルプ」から、「互いに助け合う新潟をつくろう」と呼びかけ、有償の助け合い組織を合併前の新潟市に広げた実績を持つ。次いで1991年には多世代が集える「居場所」をつくった。その後、「居場所」は「地域の茶の間」と命名され、多世代の居場所は全国に広がっていった。河田は「地域の茶の間」を発展させ、長時間滞在できる地域の居場所「うちの実家」を２００３年から10年間運営したノウハウを基に、新潟市と協働して「新しい支え合いの仕組み」づくりに踏み込むことを決意する。そのことを知った当時の新潟市長・篠田昭は２０１４年７月、河田に「支え合いのしくみづくりアドバイザー」を委嘱。同年10月に地域包括ケア推進モデルハウス第１号となる「実家の茶の間・紫竹」が東区に開設されたのだった。

新潟市が空き家だった一軒家を借り受け、家賃や光熱・水道費を負担。家の小さな修理やさまざまな備品整備は河田らがご近所の力を借りて汗を流した。運営は「うちの実家」の経験を生かし、河田チームが担当する。週２回、月曜日と水曜日に開所し、お年寄りから若いママさんや近所の保育園児、学校帰りの小中学生らが居場所で思い思いの時を過ごす。参加費は１回３００円。運営費用面で市の負担を仰ぐことはないという。

有償の助け合い「お互いさま・新潟」

モデルハウスの「居場所」機能と「人材育成」の役割を果たしつつ、河田は市長だった篠田と相談し、２０１８年からいよいよ本格的に「有償の助け合い活動」の組織化に乗り出す。この活動は「助けられたり、助けたり」の「助け合い精神」が伝わるよう、「お互いさま・新潟」と名づけられた。河田は「まごころヘルプ」の経験も活かし、できるだけ中間経費を掛けないよう、「お互いさま・新潟」の事務局機能を「実家の茶の間・紫竹」に置き、相談の受付に当たっている。「実家の茶の間」が休みでも平日は毎日、有償の助け合いに関わったことのあるエンジンメンバー（先生役）1人と新潟市の「支え合いのしくみづくり推進員」らが3人チームとなって相談に対応している。

新潟市では2015年から、「地域包括ケアシステム」をスタートさせるに当たって国が定めた「第1層の協議体」を各行政区で、「第2層の協議体」を日常生活圏域で組織し、「生活支援コーディネーター」を配置している。新潟市では、この仕組みを少しでも市民に身近なものにしようと、「協議体」を「支え合いのしくみづくり会議」、「生活支援コーディネーター」を「支え合いのしくみづくり推進員」と名づけているが、この推進員メンバーが「お互いさま・新潟」の相談員を務めることで、地域住民がどんなことに困っているかが明確に把握できるようになってきた。この効果は大きい。「全国では、第1層と第2層の協議体を組織としてつくっただけで、活動はこれからのところが大半だ。そんな中で新潟市は生活支援コーディネーターが機能し始めている数少ない地域」（さわやか福祉財団）との評価を得ている。

南区で開かれた「助け合いの学校」も新潟市と河田チームの協働事業だ。この日は、河田が「助け合いの活動について」と題して講演。「お互いさま・新潟」を立ち上げた理由から、他人の家に入り込んで生活支援に当たる際のルールや作法を自らの体験を基に具体的に伝えていた。また、実際に他人の家に入って手助けをしている方の体験談も語られ、大変に実践的だった。「助け合いの学校」を聴講し、新潟市のモデルハウスにますます関心が湧いてきた。モデルハウス第1号である「実家の茶の間・紫竹」を後日、訪ねてみることにした。

居心地良い「実家の茶の間・紫竹」

ＪＲ新潟駅から東に約2キロメートル。古くからの住宅地である東区紫竹にあった空き家を借り受け、２０１４年にオープンした「実家の茶の間・紫竹」は新潟市が誇る「地域包括ケア推進モデルハウス」第1号だ。毎週月曜日と水曜日の午前10時から午後4時まで開放され、参加費は誰でも一律３００円（子どもは無料）。さらに３００円支払えば、栄養バランスが良くておいしい昼食まで出してくれる。

ここでは特定の行動を強制されることはなく、人に迷惑さえかけなければ基本的に何をしていてもいい。取材に訪れた時は20人余りのお年寄りがいたが、それぞれが編み物をしたり、お喋りをしたり、ボードゲームをしたりと思い思いに過ごしていた。夕方になると幼児をつれたお母さんや小学生もやってくるという。温かく、くつろいだ空気はまさしく実家に帰省したような気分になってくる。

壁には手書きの文字で「プライバシーを聞き出さない」「その場にいない人の話をしない」『あの人だれ？・』という目をしない」などのルールが書かれた紙が貼り出されている。お陰で見慣れない我々にも、ぶしつけな視線が飛んでくることはなかった。

急速に高齢化と核家族化が進む中、新潟市でも独居老人が増えている。遠方に暮らす家族は心配して引き取ろうとするが、今さら知らない土地に行きたくないと思っている高齢者も少なくない。そこで新潟市では、いつまでも住み慣れた地域で安心して暮らせる街の実現を目指し、その拠点として各区に「地域包括ケア推進モデルハウス」を設置した。「実家の茶の間・紫竹」はその第1号というわけだ。

介護のため新潟にUターン

新潟市と協働で運営に当たる任意団体「実家の茶の間」の世話人代表を務めるのが河田だ。河田のこれまでの活動実績もあって、5年目を迎えた「実家の茶の間・紫竹」には新潟県内はもとより、全国からの視察が絶えない。別の日に訪れた時には新潟県北部の関川村から十数人が見学と体験にやってきていた。河田とはもうすっかり顔なじみの様子で、みんな笑顔で茶の間に溶け込んでいた。

河田は茶の間の雰囲気が落ち着いてくると語り出した。「5年間で3人、ここに来ていた人が首都圏に引っ越していきました。みんな1人暮らしの方で、首都圏に住むお子さんに呼び寄せられたんです。高度成長の時に、新潟からも東京・首都圏に就職した人が大勢いたでしょう。そんな子どもたちが退職の時を迎えて、『親孝行したい』と親を呼び寄せるんです。『元気なうちに来てくれ』『歩けるうちに』ってね。でも、お年寄りたちはもっと新潟に居たいのよね、本当は。引っ越す前になると、『もっとここに居たかった』と泣きながら言うんです。『ここでもっと暮らしていたかった』ってね。どうすれば、1人暮らしの方がもっと新潟で暮らしていけるのか……。有償の助け合いで、その方の家にまで入って支援ができれば、きっと何とかなる。みんなの力で、そんな有償の助け合いの輪を広げられないか。それで『お互いさま・新潟』を考えたんです」

この日もみんなが寛ぐ「居場所」とは別の部屋に「お互いさま・新潟」のスタッフ3人が詰め、さまざまな生活支援の依頼を受け付け、困りごとの相談に当たっていた。家の掃除や窓ふき、調理から犬の散歩まで、日常生活の上で手助けが必要な方からの依頼・相談に一つ一つ丁寧に対応している。

手助けできるメンバーがいると1時間ワンコイン（500円）で助け合いが成立。それ以外に物品などをやり取りしてはいけない決まりになっている。ワンコインのやり取りについて、河田は言う。「なぜ、おカネを使うのか？ ですか。手助けする側は『500円なんかいらない』『次もタダでいいよ』と言う人が多い。でも、手助けしてもらう側は『次もタダでやってもらおう』とはなかなか思えません。『お礼にお菓子を買っておこうか』とか気を遣う。それを『明日また、お願いできますか』と口に出しやすくするため。そのための５００円なんです。労働の対価ではありません」

そう説明する河田にはさらに大きな夢がある。「今はここで手助けや相談の受付をしているけど、今後は地域ごとにやっていく。できるだけ近くの人で、すぐ飛んできてくれる人を『助け合いの学校』で、できるだけ多く育てたい。他人の家の中で助け合うマナーを学んで、歩いて15分以内で来てくれる人を育てて、家の中に入ってもらおう。そう考えています。『お互いさま・新潟』は、これからみんなでつくるの。家にまで入っての生活支援を有償でやっている所はあっても、ランニングコストを掛けずに『お互いさま』で家まで入って手助けし合う仕組みは、全国でも珍しい。みんな困っている。だから、うちに全国から視察が来るの。これからが本当の取り組みです」と河田。

「地域の茶の間」の創設者として知られ、新たな有償の助け合い「お互いさま・新潟」に取り組んでいる河田には、忘れられない思い出がある。河田は新潟県内の新発田市で生まれ、１９６４年に結婚。大阪で20年以上平穏に暮らし、子育てが一段落してからは大阪府社会福祉事業団の職員として特別養護老人ホームで働いていた。その頃、河田はがんになり、その治療中に、長岡市にいた夫の両親が認知症に。３人いた子どものうち、上の２人は大阪で独立させ、中学生だった末っ子は東京に単身赴任していた夫に預け、介護のため単身で新潟に戻ってくる。ときに1989年、45歳のときだったという。

「その頃は介護保険制度もなく、親の介護を一生懸命やったけど、私のがんの治療もあって1人では大変。認知症の姑がアイロンを置いたまま出かけて、畳に焼け焦げをつくり、火事を出しそうになったこともある」と河田は回想する。

仕事が好きだった河田にとって、介護のために退職せざるを得なかったことは痛恨だった。「どれだけ家に入って手助けしてくれる人がほしかったか。それが分かるから、自分でボランティアの立場でやってみよう、と思った」と河田。夫の両親の介護が一段落した後、河田はその思いを実行に移す。「筋ジストロフィーの人とか頚椎損傷の人の家に入ってボランティアとして勉強させてもらい、そこで他人の家に入って介護をする時に必要なこと、気づいたことを今後のために書き出していきました」と河田は振り返る。

「まごころヘルプ」を立ち上げ

行政のサービスだけでは十分ではない。親の介護があっても女性が仕事を続けられるように、住民同士が支え合う「有償の介護制度」を作りたい。その思いから翌90年、在宅介護の支援ネットワーク「まごころヘルプ」を立ち上げる。河田は、自らが他人の家に入って手助けした体験も下敷きにして、河田の活動に共感してくれた人たちからも「どんなことに困っているか」を出し合ってもらった。

「ごみ出しや買い物ができない」「1人で病院に行けない」「入浴する時に誰かにいてほしい」などの声が出された。「私は『それを全部税金でやってください』とは、とても言えなかった。『助けて!』と声を出せるようにして、みんなで助け合うしかないんじゃないか。そう考えたの」と河田は言う。手助けをしたい人と手助けを受けたい人がともに会員となって、必要な生活支援を行う。無料ではなく、1時間600円を謝礼として支払うシステムによって、サービスを受ける側も提供する側も余計な気を遣わずにすむようにした。

1991年には、子どもからお年寄りまで誰もが自由に集まれる場として、「まごころヘルプ」の事務所を使って、まず「居場所」をスタート。97年に新しく「居場所」をつくると、地元紙が取材に来てくれて、「居場所」を「地域の茶の間」と名づけてくれた。その活動に注目した新潟県が「地域の茶の間」を県の長期総合計画に入れた。2019年現在、「地域の茶の間」は県内に約3000か所を数える。河田は2003年には空き家を使った常設型の地域の茶の間「うちの実家」を立ち上げ、さらに2014年から包括ケアシステムのモデルハウス「実家の茶の間・紫竹」を新潟市と共にスタートさせたのだ。過去の体験を活かして、「新しい助け合いの仕組み」づくりに挑む河田に、「実家の茶の間・紫竹」を立ち上げたパートナーである篠田とさらに話し合ってもらった。

支え合いのしくみづくりアドバイザー
河田珪子さん

【対談】
新潟方式　困った時はお互いさま

支え合いのしくみづくりアドバイザー　河田珪子

行政のサービスだけでは足りない

篠田　昭　河田さんとのお付き合いは私が市長になる前からで、かれこれ四半世紀ぐらいになりますね。初めてお会いしたのは県の道路計画の審議会の時だったでしょうか。その後、２０００年の介護保険制度が始まったときだったと思います。新潟市が介護保険制度をどう運用するかという検討委員会にも河田さんがいて、私も新潟日報の記者としてメンバーに入れられた。

河田珪子　市長さんになられるずっと前でした。ＮＰＯが制度化する前の県の会議だったと思います。お話の道路計画の会議だったかもしれません、初対面は。

篠田　私は従来、福祉にそれほど関心の深い方ではなかったんですけど、介護保険というのはすごい制度改革だと思って。今まで家族で面倒を見ていたのを社会でやろうというわけだから。でも施設だけでは難しい。その時河田さんが、「ごちゃまぜネット」というアイデアを提唱したでしょう。「さまざまな分野を超えた社会資源がネットワークをつくることで情報が『見える化』され、ネットワークに加わった人たちが情報を共有することで市民の選択と安心につながる。そのことを願って呼びかけました」みたいなことをお話しになって、とても感銘を受けました。この発想は今に至るまで、ずっとつながっている感じですね。

河田　介護保険制度が始まることで、ヘルパーの派遣を受けやすくする、施設にも入りやすくすると。そのためには施設もたくさんつくって、ヘルパーさんを大量に雇用できる事業所もつくらなければいけません。それで1998年頃、建設業界など従来の福祉業界ではないところが、事業者としてたくさん手を挙げてきたでしょう。これはこれで大事なことだったんですね。介護保険で施設やサービスを利用したい人は増えているのに、受け手がいなければ大変なことになりますから。

篠田　そうですね。当時、新潟市もかなり施設を増やした印象があります。介護保険が始まるに当たって、サービスを提供できる事業者とヘルパーをたくさん用意して、社会全体で介護をするんだというムードを盛り上げたわけですね。

河田　はい。施設は個人が選んで契約しなくてはいけないわけで、新潟市としても、「選べる」だけの数をそろえることにエネルギーを割いた時期だったと思います。

篠田　ところが介護施設をたくさんつくると、今度は介護保険料が上がってきて、新潟市も全国の政令市で介護保険料が一番高いクラスになってしまった。「それは持続可能ですか？」と言われると、もう少し地域で介護や介護予防をやってもらわないと難しい。これ以上、介護保険料を上げられないと。では、どういう工夫をすればいいかという話になりますよね。

河田　そうですね。介護保険の保険者が市町村ですので、保険料も市町村で決めていくわけです。施設がたくさんあればサービスが行き届く代わりに保険料は高くなる。逆に施設が少なければ保険料は低く抑えられるけど、介護が必要な人にとっては選択肢が少なくなっていくというジレンマですね。

篠田　介護保険ができてからも生活支援みたいな部分は難しいですよ。新潟市の場合、市ができない部分を河田さんたち有償のボランティアがカバーしてくれたわけだけど。現場の話を聞くと、生活支援が必要なのはむしろ「要支援」とか介護度の軽い人で、介護度が重くなった方の生活支援というのは限定的になるとか。

河田　例えば施設に入る基準が「要介護3」以上だと。そういった方が自宅で暮らしている時、介護保険でどれぐらいのサービスが受けられると思いますか？　介護保険制度が始まった当時で言うと、ヘルパーさんが週に2回ぐらい、1時間ずつ来る。デイサービスが週に2回と訪問看護が週1回。あとは巡回型の訪問介護員が毎日。でも実際には夜の訪問介護をやってくれる事業者はほとんどいないし……。1週間の時間をトータルで見ると、ほとんど隙間だらけでスカスカなんです。

篠田　確かにそうですね。

河田　例えばデイサービスに行く日でも、朝、お布団が濡れていることがある。家族の方もお仕事に行っていていない。すると誰がシーツ交換をしてくれるんだろうとか、デイサービスに行く日の朝食は誰が準備するんだろうとか。排泄にしたって、ヘルパーさんが1日1時間来るといっても、人間は1日に5～6回トイレに行くでしょう。結局、「みんなでやっていく」という考えがなければお仕事を続けることもできなくて、私のように介護退職せざるを得なくなってしまうんです。

「地域包括ケア推進モデルハウス」の誕生

篠田　やがて河田さんは「うちの実家」というのを始めます。私が市長になったのが2002年だから、その直後くらいかな。この「実家の茶の間・紫竹」と同じく空き家を使って、長時間滞在できる常設型の「地域の茶の間」でした。

河田　「うちの実家」は2003年から2013年まで10年間やりました。空き家をああいう形で利用したのも、全国で初めてに近かったと思いますよ。市長さんになられたばかりの篠田さんが職員研修にも使って下さって。

篠田　そうそう。当時の幹部職員は多くが上から目線で、ボランティアやＮＰＯでやってくれている人を下に見ている感じだったんですよ。そういう意識を変えなくてはダメだと。部長以上の研修に、地域で市民のためにボランティア活動をしている現場を見てもらうことにした。その時の１つが「うちの実家」で。

河田　篠田さんが市長になられてからは、社会福祉懇談会とか、私もいろいろなところで委員にさせてもらったりして活動もやりやすくなりました。

篠田　だって委員会とか審議会で、これほどわかりやすく理路整然と話せる人はいないから。実践がすごくても喋れないという人も結構いらっしゃるけど、河田さんは実践だけではなく、お話もうまい。やっぱり積み重ねが違うんでしょう。

河田　いえいえ、そんな（笑）。

篠田　その「うちの実家」の活動が２０１３年に終了した。それで私は市長として「困ったな」と思ったんですよ。これから本格的に超高齢社会になって、地域の人が寄り合える「地域の茶の間」のような場所、あるいは「まごころヘルプ」でやった有償ボランティアが大事になるんだけど、それを伝える場がなくなってしまったと。そういうことは実際に現場を見ないと、座学だけでは伝わらないでしょう。

河田　それで「地域包括ケア推進モデルハウス」をつくったわけですね。

篠田　そうです。本格的な高齢社会を迎える中、お年寄りが住み慣れた地域で安心して暮らせる街の実現を目指して、河田さんが行ってきた「支え合いのしくみづくり」の拠点として、市内すべての区に「地域包括ケア推進モデルハウス」を設置した。もちろん河田さんには真っ先に声をかけて、２０１４年にここ、「実家の茶の間・紫竹」がモデルハウスの第1号としてオープンしました。

やりたい人がみずから手を挙げる

河田　それまでは自分たちだけでやっていましたが、「実家の茶の間・紫竹」は私が世話人代表を務める任意団体「実家の茶の間」と新潟市との協働運営という形になりましたね。

篠田　ここは誰でも３００円で参加できて、さらに３００円出すと昼食まで食べられる。食事はどなたが作るんでしたっけ？

河田　手挙げ方式（立候補）ですね。あそこのボードに名前が書いてあるでしょう。何か手伝いたい人は自分で手を挙げて、当番としてボードに名前を書き込んでもらう。朝、ミーティングをして役割分担して、誰が昼食を作る、誰が日誌当番をするって、みんな主体的に手を挙げて進めていくという方法で。

篠田　「地域の茶の間」があって「うちの実家」があって、そのノウハウがあるから、こういうルールが決まっているわけですよね。誰が来ても「あんたは誰だね？」という目で見ないとか、その場にいない人の話はしない、お互いがプライバシーを聞き出さない、などのルールも紙に書かれて貼り出してある。このノウハウは、もう「うちの実家」の時に確立していた感じですか？

河田　そうですね。「地域の茶の間」をつくった時から確立しているものです。多くの人が集まる「実家の茶の間・紫竹」では、特にこの視点が大切です。

篠田　このルールは運営していく上で非常に良かったと思います。他にもありましたね。政治活動、宗教勧誘、販売行為、こういうのは絶対ダメですよとか。

河田　地域の茶の間は多くの人が集まる場です。政治、宗教、仕事。全ての自由が尊重されることが大切で、百人百様の自由が尊重されるように、と思っています。市会議員や県会議員もあらゆる党派の方がここに訪ねてこられます。だけど政治活動も禁止ですから、みなさんごく普通に和気あいあいと過ごされていますよ。

区の境界よりも生活実感を重視

篠田　同じ市内でも人口の少ない地域と多い地域があるでしょう。地域によっては、一人一人のお年寄りに目が届きにくいという問題もありますね。それで河田さんは今、訪問して生活支援をする「お互いさま・新潟」という活動に取り組んでいる。都市部の中央区と郊外の西蒲区ではかなりやり方を変える必要がありますが、それを政令市全域でやるというのは、おそらく全国でも初めての試みでしょう。

河田　範囲として「歩いて15分以内」という言葉を使っているんです。例えば、ここ（実家の茶の間・紫竹）は東区ですけど、15分歩けば中央区に入ります。区でやると限定されちゃうので、区の範囲を超えて「歩いて15分以内」という表現をして。江南区、中央区、東区が重なるような部分に住んでいる人もいらっしゃるわけです。区の枠を取り払えば、3か所の生活支援コーディネーターが一緒にやっていくこともできる。

篠田　行政はどうしても縦割りというか、区ごとに分けて考えがちです。でも、それだけでは本当の安心安全が市内全域に広がらない。歩いて15分って、簡単に言うと小学校区でしょう。中央区や東区というよりも、地域の生活実感として学区で見た方がいい。それを分かりやすく言うと「歩いて15分」になるわけですね。

河田　厳密に言えば、小学校の学区割りとも違うんですよ。実際、ここ（実家の茶の間・紫竹）には中央区の小学校の学区の方も来れば、東区の小学校の学区の方も来ます。どちらも歩いて15分以内ですから。

篠田　なるほど。区割りでもなく、学区割りでもない。非常に柔軟に運営されているわけですね。

河田　1人の住民として考えた時、区の中だけで生活していないでしょう。隣の区の歯医者さんやスーパーマーケットに通う人も珍しくないわけで、人間の生活というのは行政的な区割りを飛び越えているんですよね。

他人の家に上がり込むということ

篠田 実際に生活支援をする上ではいろいろ難しいことも多いですが、特に大きなポイントは「他人の家」に入ることだと思うんです。

河田 はい、手助けを受ける側にとっても、「他人を家に入れる」ことは大きなハードルになっています。特に「歩いて15分以内」だと、顔見知りの場合もあるでしょう。そういう人が家の中に入ってきて、じろじろと見られる。「この人、外に出る時はきれいにしてるけど、家の中は案外汚いのね」と思われるんじゃないか。また、自分で食器を置く場所を決めていたのに、「こっちに置いたほうが便利ですよ」と口を出される。「このタンス、立派ですね。お嫁に来た時持ってきたんですか」なんて聞かれたりね。そういう不快な思いをさせないためにも研修は必要だと思うんです。

篠田 他人の家に入って生活支援をするための研修を、新潟市では「支え合いのしくみづくりアドバイザー」である河田さんにお願いし、「助け合いの学校」を開いてもらっています。私も南区で開いた「助け合いの学校」に参加したのですが、他人の家の中に入るには、やはり作法がある。河田さんは「まごころヘルプ」の時から積み重ねがあるので、研修では「こういうことをしてはダメですよ」「こういうことを言ってはダメですよ」「プライバシーに触れないように」と、実にきめ細かく教えてくれます。その上でご飯の支度だとか家の中の整理だとか、本当に困っている部分の生活支援をみんなでやることにチャレンジしているわけですね。

河田 はい。これから先、もっと介護度が高くなっても「家で暮らし続けられる」態勢をつくっていこう、と国は言っているでしょう。

篠田 でも、それは全国どこでも、まだできていません。さわやか福祉財団の堀田力会長は全国の取り組みに精通されているが、「家を訪問して助け合う、ということを普通にやっている所は全国に1つもない。なのに、新潟は河田さんたちが実践を進め、大変な道を切り開いている」とお話しされています。「助け合いの学校」でマナーを研修し、人材育成と同時進行で河田さんたちは「実家の茶の間・紫竹」を活用して、助けてもらいたい人と、手助けできる人とのマッチングにも取り組んでいます。

河田 「まごころヘルプ」の時からそうですけど、マッチングは事務局におカネを掛けたらうまくいきません。「お互いさま・新潟」もそう。だから今、まごころヘルプや各地の農協、生協などで有償の助け合いに携わった方にエンジンメンバーとなってもらい、「実家の茶の間・紫竹」の一角を借りて有償助け合いの相談を電話で受け付けています。エンジンメンバーの他に各地域の生活支援コーディネーターで関心のある人が交替で電話番をやってくれています。そうすると本当にどんなことに困っているのか、生活支援のニーズも分かってきて、生活支援コーディネーターが成長する場にもなってきました。「電話番の態勢ができた区から、区に移していってください」と言いました。それで、西蒲区が離れていきました。篠田さんが言うように、この助け合いは全国どこでもやっていません。だから、新潟市でも「これから、みんなでつくっていこう」と呼びかけています。一番苦労したことは今後のニーズの拡大を考えた時、中間経費のかからない、持続可能な仕組みをつくること。住民が自分ごととして安心して暮らせる社会をつくっていきたい。

篠田　国は訪問型の生活支援（B型）についても必要とはしていますが、なかなか本当のニーズに応えられず、買い物支援や草取りなどのレベルで終わっている所が多いようです。

河田　本当にやってもらいたい生活支援は、ほとんどが家に入ってやっていくことなんです。でも、今の介護保険のサービスでは多くが対象外になってしまう。だから、家まで入っていく有償の助け合い・生活支援が求められている。それも交通費を掛けず、歩いて行ける範囲の助け合いね。私たちは「助け合いの学校」を受講してもらって、家に入る時のルールを身につけてもらい、頼まれてもやってはいけないことについても徹底させています。困りごと相談を受けるグループに1人、エンジンメンバーを入れているのもその判断のためです。助け合い・支え合いの担い手に多くの方から手を挙げてもらうことは必要ですが、いつも助ける側ではありません。エンジンメンバーの中にも、自分が病院へ行く時に付き添ってもらって「助けられる側」のサービスを受けている人もいます。

篠田　堀田さんも、「これからは世話する側と、世話される側を分けるのではなく、助けられたり、助けたりという『助け合いの社会』になる」と言っています。要介護度が高い方が、今より家にいらっしゃる時代になると、一層助け合いの社会の重要性が増すと思います。

河田　これから自宅で亡くなられる方が増えてくる。やっぱりご家族の方は、今にも亡くなりそうな方がいらっしゃる時、自分のご飯だって食べる気になれませんよ。心が動かなくなって、体が動かなくなって、何もできないの。そんな時、代わりにご飯をつくってくれる。「私が掃除をしますから、あなたはお父さんの手を握っていてください」と言ってくれる人がいれば、どんなにいいだろうって。最後まで家で暮らすとなった場合、そういう看取りのことまで考えないといけないわけですね。昔なら親戚や近所の人が集まってくれたけど、今はそういう時代じゃありませんから。

篠田　そうですね。国は「(病院や施設ではなく) 自宅で看取りまでやってもらいますよ」と言っているわけですが、それもいち早く私に教えてくれたのは河田さんでした。これは何とかしないと不幸な最期が続出することになるぞ、と危機感を持ちましたよ。

窓口の対応が変わった

河田　私は「行政と住民との協働」というものをとても大事にしているんですけど、行政と住民とではよって立つ場が違うわけですね。行政だからできないこと、踏み込めないことがたくさんある。ですから、まずは住民側が思ったことは何でも即応性と柔軟性を持って行動した方がいい。ただの住民であれば、間違えても少し批判される程度で戻ることもできますから。その住民の柔軟性を大事にしつつ、行政は目的を間違えずに一緒にやっていけば大抵のことは解決できると思うんです。

篠田　私も新人職員研修の時、よく話したものです。行政で一番大事なのは公平と公正だ。でも目の前の窓口で、困って相談に来ている人に、「いや、それは行政ではできません。以上！」では、思いやりの心がなさ過ぎるでしょうと。そういう時に、河田さんたちの取り組みとか、社協（社会福祉協議会）の存在、法律相談をしてくれる弁護士がいるとか、そういうことを知っていれば、「行政ではこれしかできませんけど、ここに行ってみたらどうですか」と提案ができる。「できません。終わり」って締めちゃう職員とでは、住民から見れば雲泥の差でしょう。あなたたちはどっちの職員になりますか、と。それも河田さんたちの活動があればこそ言えたことでね。

河田　篠田さんが市長だった時は伝えなかったけど、「市役所の窓口対応が良くなった」「とても親切になった」という声が本当に増えたんです。それは単に窓口の対応だけではなくて、市の職員全体の住民への対応の表れでしょう。「あなたはどちら側の人間になるのか」という篠田さんの言葉が職員に届いた結果だと思いますよ。

篠田　時間はかかりましたけどね。現場ではいろんなことが起きているのに、市長が見えるものはその一部だけ。半分も見えたら名市長でしょう。河田さんはじめ、いろいろな方が教えてくれたお陰ですよ。幹部職員と話す時も、「市長、こんなことまで知ってるんだ」と驚かせることもできたし。

河田　いくら名市長でも、急には変えられませんよ。

篠田　政令市になって区役所ができたこともポイントです。それまでは50万都市で1つの市役所だったから大混雑で。それが家の近くに区役所ができて、ほとんどのことは区役所でできるようになった。あとはやっぱり、窓口の対応が大切ですよね。

河田　篠田さんが市長になられたばかりの頃は、いろいろな人が集まる会合があっても行政の人は自分たちだけで固まっていたものです。それが少しずつ変わってきた。行政の人たちも積極的に住民と言葉を交わすようになってきて。

篠田　そういう場をつくっていったのも河田さんです。公民館などに集まる時も、「行政の人だけで固まるのはやめましょうね」と言って。

河田　最初のうちは市の職員を見ると、「行政にはこういうことをしてほしい」「補助金を出してほしい」と一方的に要望を出す人もいたんですよ。そういう時、「すみません、ここはそういう場ではないんです」と止めるのが私の役割でした。

篠田　それも河田さんが言ってくれるから丸く収まったわけでね。行政側から、「今日はそういう場じゃありませんから」なんて言ったら大変だったでしょう（笑）。

河田　行政も含めて、みんながご自分のやっている仕事や活動をお話しする。一方的に要望を出すのはご法度ですよ、と言い続けてきました。それぞれ立場は違っても、「いい地域を作っていきたい」という気持ちはみんな同じですからね。

第三章

柳都の心は踊り続ける
境界を越えたエネルギー

西暦	文化創造への取り組み
2003	「にいがた地元学」を展開開始。
2004	「みなとぴあ」開館。「Noism」の活動スタート。高校ダンス部の全国大会で市内の高校が1位、2位を独占。「長安文物秘宝展」を開催。
2005	「安吾賞」の創設決定、表彰は06年度から。
2006	旧小澤家住宅が新潟市文化財指定。整備を経て、2011年に一般公開開始。
2007	西安博物院と友好提携協定を締結。「日仏都市・文化対話」をナント市で初開催。
2008	まち歩きをガイドする観光ボランティア団体「新潟シティガイド」設立。旧齋藤家別邸を市が購入すべきか、公開し意見聴取。
2009	旧齋藤家邸を公有化。2012年に一般公開開始。「水と土の芸術祭」を初開催、市美術館でカビが発生し問題に。
2010	ナント市との姉妹都市提携を契機に、「ラ・フォル・ジュルネ新潟」を初開催。市美術館のカビ・クモ問題で第3者委員会を設置、市美術館を改革。「奈良の古寺と仏像 會津八一の歌にのせて」展を新潟市が企画して長岡市の県立近代美術館で開催、13万人が観覧。
2011	「にいがたアニメ・マンガフェスティバル」を初開催。花野古町・笹団五郎誕生。「市文化財センター」開館。

2012	「マンガ・アニメを活用したまちづくり構想」を策定。「奈良県と新潟市の歴史・文化交流に関する協定」を締結。水と土の芸術祭2012を開催。
2013	文化庁長官表彰受賞。「マンガの家」「マンガ・アニメ情報館」オープン。「アート・ミックス・ジャパン」と「プロジェクションマッピング」初開催。
2014	法隆寺に、會津八一の歌碑を建立。「潟キャンペーン　水の潟ログ」「光の饗宴」を実施。新津鉄道資料館に200系新幹線とSLのC57を導入決定。「鉄道の街にいつ」が経済産業省「がんばる商店街30選」に選定。
2015	東アジア文化都市に選定、国内2番目。水と土の芸術祭2015を開催。プロジェクションマッピング国際コンペティションを開催。「新潟インターナショナルダンスフェスティバル2015」を開催。NGT48誕生。
2016	「新潟まんが事業協同組合」設立。アート・ミックス・ジャパンメキシコ公演。「アーツカウンシル新潟」設立。信濃川火焔街道連携協議会として取り組んだ「信濃川流域の火焔型土器と雪国の文化」が日本遺産に認定。「『千の風になって』交流・協力に関する協定」締結。第23回「BeSeTo演劇祭」開催。
2017	自治体として初のbeyond2020プログラムの認証機関となる。「北前船寄港地・船主集落」が日本遺産に認定。国の文化審議会委員に市長就任。新潟インターナショナルダンスフェスティバル2017を開催。
2018	西安博物院友好提携10周年・新潟開港150周年記念事業として、「玉と鏡の世界」展を開催。水と土の芸術祭2018開催。新津油田金津鉱場跡と白山公園が国文化財指定。

まちあるきで新潟を楽しむ

イザベラ・バードの旅を歩く

梅雨空から初夏の日差しが覗く日曜日の朝、新潟市の白山公園にリュックなどを背負った男女が三々五々集まってきた。この日は、１８７８年に横浜港に上陸し、日本の各地を旅した英国の女性旅行者、イザベラ・バードの新潟での足跡をたどる「イザベラ・バードの旅を歩く・新潟湊町編まちあるき」が行われていた。60人を超す参加者をイザベラ・バードの世界に誘《いざな》うのは新潟シティガイドの面々だ。

10人ほどのグループに分かれ、白山公園からバードゆかりの医学町、上古町、東中通、鍛冶小路、鍋茶屋通りなどを2時間ほどで巡る。最後は、古町にある新潟名物わっぱ飯の店「田舎家」で昼食をとるコースだった。途中、バードに扮した女性シティガイドの寸劇も入り、参加者たちはバードが「ハンサムなまち」と呼んだ、明治の湊町・新潟にタイムスリップしたような時を過ごした。

シティガイドが魅力を案内

シティガイドは「みなとまち新潟観光ボランティアガイド養成講座」を受講した市民スタッフが務める。通常、2時間ほどの「まちあるき」では参加者から1人５００円をいただき、湊町や花街の雰囲気の残る新潟市の街並みや小路を散策する。ワンコインをいただくのは、単なるボランティアではなく、新潟のまちあるきに一定のレベルを維持し、ガイドとしての責任を果たす気持ちを持つためだ。まちあるきは市街地をいくつかのエリアに分け、その中でさらに多くのコースが設定されている。多くは予約が必要だが、土・日・祝日の10時と10時半には予約不要の「古町花街と西大畑のお屋敷散策コース」もある。観光都市ではない新潟市にシティガイドはしっかりと根づいていく。これまでに5期にわたり養成講座が開かれ、1期生から5期生まで70人ほどがシティガイドとして登録し、この10年で2万8千人以上がシティガイドを活用している。新潟市は「まちあるき」が盛んなまちとして知られるようになった。

そんな新潟市だが、十数年前まではタクシー運転手さんまでもが「新潟は見るところがない」と公言するまちだった。確かに新潟市にはお城もなければ、集客力の高い観光施設・スポットもあまりない。「堀と柳のまち」と呼ばれ、まちなかを縦横に走っていた堀割も昭和30年代に埋められてしまった。昭和50年代に上越新幹線で首都圏と結ばれた時のキャッチフレーズが「(上越新幹線の列車名だった)『あさひ』に乗って、日本海の夕日を見に行こう」というものだった。後に上野まで、新幹線が延伸する時には、「日本海夕日コンサート」を核とする「日本海夕日キャンペーン」を始めたが、「訪れた方に何を見せれば良いのか」に悩んでいるような都市だった。

新潟の小路こそ、新潟の宝

そんな中で「新潟にはこんなに素晴らしい魅力がある」と1人で「勝手に」立ち上がり、情報発信を始めた若者がいた。1968年、湊町・新潟の原点とも言われる下町《しもまち》地区に生を受けた野内隆裕《のうちたかひろ》だった。「下町生まれと言っても、育ったのは今の東区の木戸地区中山。畑の広がる地域で小3までいて、小4で下町に戻ってきました」と野内。下町で暮らし始めて、木戸地区との違いの大きさに気づいた。「まず、風景が違う。海に近く、漁師さんとか、湊で働く人が近所にいっぱいいて、周りに神社とかが沢山ある。随分、雰囲気も違うな、って思った」と言う野内。外から下町に入ってきた人のように「俯瞰してみる目」が、その時から野内には備わっていたようだ。

進学のために東京に出て、家業の製材屋を継ぐつもりで新木場の材木屋で働いた後、20代半ばで新潟に戻った。製材業は父の時代で閉めてしまったため、野内はしばし不動産の勉強をしながら自由な時を過ごす。この時に新潟、特に下町地区のまちや歴史についてさまざまな本を読み、野内は下町を楽しむことを覚えた。「ちょうどその頃、インターネットの波が来ていた。誰でもホームページをつくって、自分の思うことを発信できるようになっていました。『私は下町のこんな所が好き、自分はこういう人間ですよ』ということを発信してみようと思った」と野内は言う。97年にウェブサイト「にいがた　なじらねっと」を立ち上げ、下町を中心とした新潟のまちの魅力を1人で発信し始めた。ちなみに「なじら」は、新潟弁で「塩梅《あんばい》いかが」の意味で、あいさつ代わりにも使われる言葉だ。

新潟のまちについて学びながら発信を続けるうち、野内は新潟の魅力に確信を持つようになった。「新潟は350年以上も前、江戸時代の『明暦のまち建て』が今も残っている珍しいまちです。信濃川に並行して造られた道が『通《とおり》』、直行している道は『小路』と呼ばれ、江戸時代のまちの骨格がそのまま引き継がれている」。新潟市は大火にはたびたび見舞われ、1964年に大地震にもあったが、市中心部のまちの骨格は確かに変わっていない。そこで野内は次の展開に移った。「下町のことを発信していると面白い。次は人を案内してみようと思った。自作の地図を手に、勇気を持って外に出てみることにしました」と野内。ちょうど地域活性化のために下本町商店街が「下町ウォーク」を始めたころで、野内の活動に注目した下本町のまとめ役から下町ウォークの案内役を依頼された。まちあるきの達人としての歩みが本格的に始まった。

案内板や地図を自主製作

野内は名前を記した「案内板」と「地図」を自主製作し、新潟で「まちあるき」を始めた。まだ、「まちあるき」という言葉も新潟では市民権を得ていない頃で、「路地や小路なんて、案内していいのか」という声もあった。「でも、全国ではいろいろな地域で路地めぐりをやっていた。東京の月島とか谷中とかを実際に見に行ったら、立派な観光資源になっている。それに自信を得て、自分なりにキャッチボールをしながら、地図などをバージョンアップしていった」と野内は振り返る。野内の味のあるイラストの効果もあって、「まちあるき・小路あるき」は次第に輪を広げていく。２０００年には、新潟市西堀通に展開する寺町通に注目するまちづくりグループ「寺町からの会」が動き出す。野内は従来からの「ソロ活動」に加えて、「グループ活動」にもウイングを広げていく。

ないものねだりより、あるもの探し

２００２年に新潟市長となった篠田昭は、「寺町からの会」メンバーと親交があり、その会を通して野内の活動に興味を持つようになる。篠田市政は、大合併という課題もあって合併市町村も含め、それぞれの地域の魅力探しに力を入れ始めた。キャッチフレーズは「ないものねだりより、あるもの探し」だった。「あるもの探しなら、もう俺はやっているよな」とつぶやきながら活動を続ける野内に、新潟市のまちづくり部署も注目し始める。篠田市政の方向と、野内の取り組みは次第にベクトルが合ってくる。野内は、新潟が政令市になった翌年の08年に「路地連新潟」を結成し、代表となる。この頃から行政とコラボする形で「案内板」や「地図」づくりが強化され、1人でも小路を巡り歩ける「小路マップ」を市の支援で製作。「まちあるき」のコースづくりも本格化させていく。

この頃、篠田は新潟のまちを歩いて案内するシティガイドの育成に乗り出した。経済界などから「見る所のない新潟市で、シティガイドを育成してどうするんですか」と冷やかされもしたが、「新潟に見る所がないと言う人は、見る目がないだけ」と切り返して、まちあるきの案内人を募った。政令市になる07年にシティガイドの養成講座を始め、地元のNPO団体「まちづくり学校」にガイド養成事業を依頼する。養成講座の講師を務め、教材となる資料を提供したのが野内だった。これまでの野内らの実践が素地となり、シティガイドは前述のように順調に育っていった。08年からガイドとしての活動が始まり、中越沖地震からの観光復興を図る09年の「大観光交流年」には大きな実をつけていく。今では多くのシティガイドが嬉々として自らが住むまちの歴史を語り、新潟の魅力を内外に伝えている。

日和山の再生に立ち上がる

一方、野内は09年から湊町・新潟のシンボルだった「日和山《ひよりやま》」の再生・整備に携わっていく。日和山は市街地の外れにある高さ12・3メートルの小山で、かつては船の出入りを案内する「水戸教《みときょう》・水先案内人」が信濃川や日本海の日和を見る場所だった。しかし、信濃川が大量の土砂を運ぶため地形が変わり、日和山から海も川も見ることができなくなり、次第に寂れていった。その日和山を地域や行政の協力を得て整備し、野内自身は日和山の中腹にカフェをつくって「日和山五合目館長」を名乗る。

『ブラタモリ』がいち早く新潟へ

その後も「野内パワー」は衰えを知らず、14年には新潟市に請われて「にいがた観光カリスマ」に就任。16年に『ブラタモリ』の新潟ロケが実現すると、タモリさんの案内役を務めた。『ブラタモリ』新潟編では、新潟というまちの特徴を「信濃川が運んだ大量の土砂から生まれた、砂のまち」と捉え、全国に紹介した。『ブラタモリ』は、「黙っていても新潟に来てくれた訳ではない」ようだ。

野内らは、『ブラタモリ』が東京圏だけで制作されていた十年近く前からさまざまな手を打っていた。まずは「路地サミット」の新潟誘致だ。野内は「路地サミット」なるものが開かれていることを知り、08年に長野市で開かれたサミットに参加。09年の神戸市開催は既に決まっていたため、「10年の路地サミットを新潟市で開催する」ことを長野で表明し、実現させた。新潟での路地サミットの基調講演者には、地形に注目したまちあるきの楽しさを発信し、『タモリ倶楽部』に登場していた「東京スリバチ学会」の皆川典久会長を招き、多様なまちあるきの楽しみ方、発信の仕方を「学習」した。

「タモリさんは、坂道がないと興味をもってくれない。新潟市には砂丘列があるが、坂道のことはそれまでアピールしていなかった。そこで篠田さんに『まちあるき坂道編』をつくることを提案した」と野内。11年には坂道編ができ上がる。次いで、「まちづくり学校」の10周年イベントに基調講演で招かれた『ブラタモリ』のディレクターに、新潟の地形の魅力を密かにアピールしていた。「野内さんらがいろんなタネをまいてくれて、それがみんなつながった」と篠田は言う。

野内は、新潟のまちの地図をデザインしたTシャツを着て、今日もまちの魅力をさまざまに発信している。野内は軽やかに語る。「一生懸命まちづくりをしよう、などという気持ちではなく、自分が『いいな』と思う下町や小路を発信していたら、『いいね』と応えてくれる人が出てきた。ほめられると嬉しくて、気持ち良く旗を掲げていたら、いろいろと手伝ってくれる人が出てきた。みんな、それぞれの役割を果たしていけば、新潟のまちはどんどん面白くなるのかな」

新潟市を踊りのまちに

もう1人、新潟のまちを面白くしてきた男を紹介しよう。今や、日本最大級のダンスフェスティバルに成長した「にいがた総おどり祭」を育てた能登剛史だ。能登は、１９７３

年、秋田県生まれ。小学校3年から新潟市に引っ越し、学びを終えて新潟で働き始めた。それから間もない20世紀末の2000年、新潟で高知の「よさこい踊り」を目にし、その熱気に触れたことから人生が急展開する。

片道切符を手に、高知市へ

「こうした自由な踊りの祭りがあれば、新潟は元気になる」と直感した能登は、勤め先に辞表を提出。高速バスの片道切符を手に、よさこいの故郷・高知市へ向かった。高知市役所観光課に飛び込み、「新潟で新しい踊りの祭りをやりたい」と熱を込めて語り出した能登に、高知市職員も驚いたのだろう、松尾徹人市長（当時）に取り次いでくれた。高知市もちょうど、「よさこい文化を全国に発信したい」と思っていた時期で、松尾は「全面協力」を約束してくれた。

能登は「踊りを通じて感動ある未来をつくれる」と確信を持ち、踊りの祭りをつくることを決意。新潟市に戻って直ちに踊りの事務局を旗揚げした。「しかし、単なるよさこいの二番煎じにはしたくなかった」と能登。新潟市の歴史を調べてみると、江戸時代に4日4晩踊り明かした盆踊りがあったことを知った。「型にはまらない、自由な踊りの祭りをつくって新潟を元気にしたい」と能登は方向を定め、祭りのネーミングを「にいがた総おどり祭」と決めた。折しも21世紀を迎える新潟市では、2002年にサッカーW杯が開催されることが決まっており、大学生たちの間にも「この機会に新潟市で何かできないか」との動きが広がっていた。「アンダーグラウンドで新潟が変わりつつある」ことを実感した能登は、大学生たちに「踊りの祭り」の素晴らしさを語って、仲間を増やしていく。

2002年に初の総おどり祭

能登たちは自らも踊ることで新潟県内各地に踊りのチームを増やしつつ、新潟商工会議所などの協力を得ていく。新潟県にも助成金を申請し600万円の支援を得て、「にいがた総おどり祭実行委員会」を組織。高知市で熱い思いをたぎらせてから2年後の2002年9月には新潟市万代シテイで第1回「にいがた総おどり祭」の開催に漕ぎつけた。50以上のチームが参加し、1回目から大変な盛り上がりだった。この年の11月に新潟市長に就く篠田昭は、選挙準備の最中に総おどりの熱気に触れ、新潟の変化を感じた。「立場を超え、年齢を超え、新潟の老若男女が、これほどまでに生き生きと躍動している。しかも踊り終わった後、全員で『ありがとうございました』と観客に礼儀正しく頭を下げる。新潟の文化が踊りで変わっていくのでは、と予感した」。そう語る篠田は、もう1つ驚いたことがあった。「総おどり祭の立ち上げを新潟県は音響機器整備などで支援したのに、新潟市は一銭もおカネを出していなかった。文化創造への支援について考えさせられた」

総おどり祭は、あらゆるジャンルの踊りを歓迎し、受け入れているのが特徴の1つだ。

参加条件はただ1つ、「心を込めて踊ること」だという。能登の挑戦は多くの支援者を生み、総おどり祭の運営には大学生ら多くの若者が参加し、ネットワークは全国に広がっていった。能登は振り返る。「さまざまな支援を受けたが、1年目は200〜300万円足りなかった。2年目以降は新潟市と市の外郭団体から600万円の支援を受け、参加料をいただく踊りチームが増えていったことで総おどり祭はその後も成長を続けることができた」。「にいがた総おどり祭」は3日間で国内外から踊り子が約1万5千人、さらに20万人前後の観客が参加するまでのスケールに育った。経済効果は30億円を超すとも言われ、まちの活性化に大きな力となっている。

新潟の下駄踊りを復活

能登たちの活動が素晴らしいのは新潟の歴史・文化を発掘し、創造していることだ。04年に創作され、総おどり祭の「顔」ともなっている「新潟下駄総踊り」は、江戸時代、小足駄を履いて4日4晩踊り明かしたと伝わる新潟の盆踊りを復活させたものだ。新潟湊の盆踊りはあまりにもエネルギッシュなため、騒動を恐れた明治維新政府によって長く禁止され、明治時代に途絶えてしまった。その下駄踊りを、残された絵巻物を基に再現したものので、地元の歴史を掘り起こし、新たな文化創造に結びつける代表的事例となった。新潟が政令市に移行する07年には、新潟市に居を構える踊りの宗家・市山流の家元である市山七十世《なそよ》（現・七十郎《なそろう》）に振り付けを依頼した下駄総踊りを発表した。また、今では下駄総踊りに欠かせない「永島流新潟樽砧《えいじまたるきぬた》」は、一時後継者難で存続が危ぶまれていたが、総おどりとコラボすることで次々と若い演奏者が生まれている。

さらに能登らは健康・福祉分野にもウイングを広げた。新潟市と組んで、健康寿命を延ばすための「総おどり体操」をパパイヤ鈴木の振り付けで制作。各地で講習会を開き、今ではシニアを中心に1万人が習得し、健康の輪を広げている。「総おどり体操の普及に関わることで、『本当に自分の居場所ができ、生き甲斐になった』と喜んでくれる方が大勢出てきた」と能登は語り、身体面だけでなく心の健康づくりにも役立っていることを喜ぶ。

篠田は次々と進化を遂げる総おどりの取り組みに、新潟の新しい文化創造の息吹を感じた。「能登さんたちのチームは総おどり祭を成功させ、さまざまなイベントにも携わってくれるようになった。得意技を持つ若手・大学生らが多いせいか、見事な企画書がすぐ出てくるし、実行力・動員力もすごい」と評価する。

和の文化芸術をはしごする

その特徴が遺憾なく発揮されたのが13年から始めた「アート・ミックス・ジャパン」の取り組みだ。新潟の姉妹都市、仏ナント市から始まって世界に広がった音楽祭「ラ・フォル・ジュルネ」が新潟市でも２０１０年から開催されるようになった。１コマ45分程度で気軽にクラシック音楽が楽しめる形式に刺激を受けた能登たちは、神楽や狂言、落語など、和の伝統文化をコマ形式で鑑賞してもらう「和の伝統芸術祭」に取り組んだ。能登は言う。「全国各地で伝統文化継承者が減り、伝統文化そのものが危機に陥っていることを、総おどりの活動を通して知りました。神楽や狂言などを見たことがない人も増えている。そこで伝統文化をミニ解説付きで身近に味わえるアート・ミックス・ジャパンを思いつきました」

アート・ミックス・ジャパンは初回にかなり大きな赤字を出したが、能登らは逆に2回目から1日開催を2日開催に拡大してピンチを乗り越えた。「和のステージを『はしごする』楽しさを知ってもらうには、2日間開催の方が良いと思った」と能登。地方都市ではなかなか目にする機会のなかった全国の伝統芸術や一流のパフォーマンスに触れる貴重な機会となっていった。特に女性から支持され、参加者の約70%は女性だという。国もこの文化イベントに注目し、16年には国際交流基金から声が掛かり、メキシコで公演を行った。現地の日墨協会が食イベントに協力したこともあって、2日間で約5万人が日本文化を楽しんだ。その後、エジプトにも遠征している。能登は言う。「ちょうど新潟市が文化庁長官表彰を受けたり、東アジア文化都市に選ばれたりした時期で、新潟市が外務省など霞が関から注目されていた。タイミングよく世界にアピールできた」

アート・ミックス・ジャパンは2019年春に7回目を迎えた。この年は開催日にクルーズ船が新潟港に入港し、満開の桜の下、多くの外国人が和の芸術文化を新潟市で楽しんだ。東京オリンピック・パラリンピックが開催される20年にはさらに多くの外国人に楽しんでもらい、翌21年にはさらに大きなステップを上りたいと能登らは考えている。「いま、米国のシリコンバレーでアート・ミックス・ジャパンが開催できないか、との打診が来ている。和の芸術文化をコーディネートする新潟市の素晴らしさを発信したい」

新潟の食文化都市を創造

新潟の文化創造の旗手となった能登は、新潟の大きな魅力である食の分野にも進出した。今や、新潟市最大の食イベントとして定着している「にいがた食の陣」実行委員会の代表に推され、さらなるパワーアップを図っている。新潟が目指す「食と農と文化の融合」による食文化創造都市を確立する上で、能登が果たす役割はこれからも大きい。能登は言う。

「千年続く祭りを新潟市につくろう、と総おどり祭を始めました。まだ18年ですが、取り組んでみて新潟はすごいまちだと感じています。他県に出ると、そのすごさが分かります。こんなに面白い、すごいことを次々にやっているまちは新潟市しかありません。食を含めて、あれもこれもあるから新潟は面白い。春夏秋冬、面白い新潟市をつくり、これからも誇りにしていきたい」

【対談】

文化不毛の地に笑いの旗印を

ナマラエンターテイメント代表取締役　江口歩

平成も残すところ数日となった2019年4月26日の夜、新潟県民会館で「第6回ひなキャベ公演」が開催された。アコースティックデュオ「ひなた」と漫才コンビ「ヤングキャベツ」が、それぞれの音楽と漫才を披露する合同公演だ。メンバーは全員が新潟県人。ヤングキャベツはお笑い集団NAMARAの所属芸人、ひなたは提携アーティストとなっている。

最後にゲストとして篠田昭が登壇し、4人の出演者に対してクイズを出した。「私の苦手なものは?」「市長として最大の功績は?」ヤングキャベツのボケ担当・中静祐介の毒の強い回答に場内が沸く。「これからやりたいことは?」の正解は「NAMARA芸人」とのことで、ひときわ大きな笑いを取った――。

新潟を拠点とし、地元に住む芸人たちを集めた異色のお笑い集団NAMARAが生まれて、すでに20年以上が経つ。お笑い芸人を中心に、大道芸人、マジシャン、ミュージシャン、Negicco（ねぎっこ）のようなアイドル、演歌歌手、司会者など、幅広いパフォーマーと提携する一大芸能プロダクションだ。今回のようなオーソドックスな公演以外にも、

ナマラエンターテイメント代表
江口歩さん

県内の小中学校やさまざまなイベントで声をかけられ、まじめな社会問題を扱う討論会に呼ばれることも多い。

設立者で代表を務める江口歩は、１９６４年に新潟市で生まれた。子どもの頃からお笑いが大好き。新設の新潟東高校では初代生徒会長になるが、文化祭の打ち上げでの飲酒が発覚して２か月で更迭された。高校卒業後に上京。小さなレコード会社でＣＤを作りながら、劇団にも籍を置いていた。

30歳になった１９９５年、足に障がいが残るほどの大ケガを負い、それをきっかけに帰郷。タウン誌のライターなどをしながら人脈を築き、１９９７年に「新潟素人お笑いコンテスト」を開催して大好評を博す。この時集まった若者たちがＮＡＭＡＲＡの初期メンバーとなった。ヤングキャベツのツッコミ担当でピンでも活躍する高橋なんぐは、高校時代に吉本興業主催の「全国お笑いコンテスト」で優勝したという逸材だ。地方を拠点としたお笑い集団など前代未聞ということで、設立当初は中央のマスコミも取材に来たという。

新潟市で著名な文化人である江口は、篠田との付き合いも長い。２００２年、篠田が初めて市長選に立候補した時は「市長選ダービー」と称して候補者３人の公開インタビューを行った。市長になってからも多くのイベントで顔を合わせ、ゲストとして篠田がNAMARAのステージに呼ばれたことも1度や2度ではない。2016年にはLGBT（性的少数者）の理解を深める活動をしている「LGBTにいがたLove 1 Peace」の代表とともに江口が新潟市役所を訪ね、パフォーマンス集団「LGBT48」を紹介しつつ同性愛者のパートナーシップ条例の制定を篠田に訴えている。

第6回ひなキャベ公演の翌日、新潟市きっての奇才・江口歩に話を聞いた――。

21世紀幕開けに向けて新しい動きが加速した

篠田　昭　「お笑い集団NAMARA」を江口さんが立ち上げたのは1997年でした。その頃の新潟にはそれを後押しするような雰囲気があったのですか。

江口　歩　その頃から新潟は変わってきたと思います。「文化不毛の地」と自嘲していた新潟市で市民芸術文化会館（りゅーとぴあ）の建設が決まり、コンサートホールをアリーナ形式にすることの是非を巡って議論が白熱していました。97年にはアルビレオから改称したアルビレックス新潟のJ2参入が決まった。「サッカー不毛の地」と言われていた新潟で、ですね。また、市が人づくりや若者交流のために始めた「日本海・夕日クルージング」も人気を博していました。新潟が変わりつつある――そんな機運を感じて、新潟という地方で「お笑い集団」をつくろうと思ったんです。

篠田　なるほど。そういえば江口さんたちが出てくる10年ほど前、１９８０年代の後半にも「新潟の空気が変わった」と思う時期があった。１９８０年頃の新潟は、田中角栄さんが健在で「闇将軍」と呼ばれていました。地域づくりでも「田中依存」「中央依存」の考えが強く、「(田中さんの住む)目白に行けば、地域の未来図・青写真が出てくる」なんて言っていた。当時の地元紙はこれに危機感を抱いて、「自らの頭で考え、自らが実践する」地域おこしのキャンペーンをやり出して、私もそのチームの一員でした。田中さんが85年に病に倒れて政治的生命を失うあたりから、「自らの手で地域をつくっていこう」との動きが新潟で一気に顕在化した。それが新潟市の市民映画館「シネ・ウインド」の立ち上げや、「日本海夕日コンサート」の開催だったと思います。新潟のまちづくりを考える「万代島24時間フォーラム」も80年代後半でした。その頃の主役はシネ・ウインドの斎藤正行さんや、まちづくり学校をつくった清水義晴さん、夕日コンサートの樋口潤一さんたち。だいたい団塊の世代でしたね。

江口　私らはその後の世代ですかね。１９６４年生まれです。

篠田　新潟にとっては忘れられない年。新潟国体や新潟大地震のあった年ですね。

江口　はい。引きこもりからパフォーマーになった月乃光司さんや、似顔絵師のやまだみつるさん、演劇の斉木みのるさんらもそう。新潟市が黒埼町と合併したことも記念して2

001年1月1日に行われた「21世紀ミレニアム」のカウントダウンには、後に「総おどり祭」を主宰する一世代若い能登剛史さんが加わりました。

篠田 なるほど。20世紀末から21世紀幕開けに向けて、新潟で新しい動きが加速していたんですね。

江口 2002年の「サッカーW杯日韓大会」が新潟市で開催されることも決まり、ビッグスワンも完成する。実際のW杯には、新潟市にイングランドのデビッド・ベッカムまでやってきた。この年に「総おどり」も始まってね。新潟って、何でもできるじゃないか、みたいな感じになった。

篠田 NAMARAの活動も本格化し、かなり目立った動きが出てくるんだけど、私が江口さんと出会ったのは活動の初期の頃で、私は新潟日報の学芸部にいた。

江口 シネ・ウインド主催で篠田さんが学芸部長かな? 学芸部長になったお祝いの席があって、そこに僕も呼ばれて行ったことがあります。

NAMARAは本音を引き出す通訳

篠田 私がNAMARAの力を実感したのは90年代の末です。「お笑い」を武器にして、いろんな方たちの本音を引き出す「通訳」的な役割を果たし始めた。三条市で「中学生の生の声を聞く」的なイベントがあって、広い会場で中学生がステージ上に何人か座っている。「この設定では、中学生はとてもまとまった話なんかできないだろう」と思って見ていたら、芸人さんたちの突っ込みに応えて次々と中学生が語り出すんです。「お笑いの力はすごい」って心底思いました。小中学校でやる「お笑い授業」もそうだけど、NAMARAのイベントは一方的にショーを見せるだけではなく、観客をステージに上げる参加型が多いですね。

江口 そうなんです。「お笑い授業」では人気芸人の高橋なんぐが「ちょっと、君、おいで」って生徒の1人を舞台に上げて盛り上がる。実際は芸人がテクニックで引き出して適切なツッコミを入れてるわけだけど、受けるとみんなは「その生徒が面白い」と思うわけです。お陰でいじめられっ子が翌日からヒーローになって先生からも喜ばれる。そういうことが何回かあって、口コミでどんどん広がっていきました。

篠田 NAMARAでさらに驚かされたのは2002年に起きた坂井輪《さかいわ》中の暴行致死事件。大変に痛ましい事件だったんですが、ここでもNAMARAが見事に「社会的通訳」の役割を果たした。

江口 これは1人の生徒を同じ学校の生徒たちが集団で暴行し、殺害してしまった大変な事件です。被害者のご両親から頼まれて、「すべての親たちは傍観者になるな」と呼びかけ、父母ら保護者を集めた討論会をNAMARAが主催したこともありました。

篠田　まさに「なまら」。すごいことです。ＮＡＭＡＲＡは新潟弁で「すごい」「とっても」というような意味。「なまらバカ」とは「大バカ」のことですね。英語で言えば「ベリーグッド」の「ベリー」。私が習ったロシア語では「オーチンハラショ」の「オーチン」に当たります。江口さんがこの言葉に込めた意味は？

江口　やはり、新潟のお笑い集団ということで、新潟らしい名前にしたかった。新潟弁を使うことで、新潟の人が持っているローカル・コンプレックスを変えていきたいという気持ちもありました。

篠田　新潟らしさを考えるということでは、新潟のまちづくりなどを議論したＴｅＮＹ（テレビ新潟）の『朝までほえろ！』に一緒に出演したことはよく覚えています。『朝まで生テレビ！』の地方版で、地元紙にいた私もよく呼ばれました。肩書は編集委員だったと思う。

江口　番組は4、5回やりましたよね。生放送で深夜ずっとやって、僕と篠田さんはたまたま同じ町内に住んでいたから、毎回一緒のタクシーで帰っていた。

篠田　そうそう、お互いの家が歩いて2分だったと分かってね。当時はＮＡＭＡＲＡの事務所も近くにあったんで、記者時代はそこにも取材に行ったり、遊びに行ったり。

江口　市長選に出るんだって聞いたのもその事務所でした。まだ、篠田さんが公式に発表する前だったから、２００２年の夏頃でしょうか。

篠田　新潟市長選があったのも、新潟が大きく変わり出した２００２年で、市長選自体はこの年の11月だから、密かに江口さんの事務所に行ったのは８月下旬くらいかな。私としても江口さんを味方に引き入れたい気持ちが当然ありました。いろいろな人や団体をつなぐ「通訳」ができる人だから。でも、他の候補予定者が既に江口さんに声掛けていてね。

江口　そう、市の助役だった人ね。それで、私もあまり偏るわけにもいかないし、そこで考えたのが「市長選ダービー」です。篠田さんたち３人の候補予定者の違いが良く分からない。じゃあ、３人集めて僕が話を聞いて、新潟市のことをみんなに考えてもらおうと思った。結局３人一緒は実現しなくて、１人ずつ話を聞く形式になったんですが、古町の「アナザーチケット」というカフェのような場所で私がインタビューして、ケーブルテレビでも放送した。「記者だった篠田さんは、市職員に随分嫌われているらしいですね」とか、結構聞きにくいことも聞いて。まあ、いつものことだけど（笑）。

篠田　それはこちらも江口さんということで覚悟していますから。でも、その番組を偶然見た保守系の会社経営者が「あんたを応援する」と言ってきてくれたりして。「市長選ダービー」に私は感謝しなければならない（笑）。

江口　私たちはできるだけ、候補予定者の本音を引き出し、人柄を感じてもらうのが仕事ですから。この頃から急にいろいろな仕事が入るようになりました。市長選に関わったお陰で、単にくだらないお笑いをやっているだけじゃなくて、社会問題に関わる笑いもやるんだねって認知されていきました。

タブーを恐れず。面白がる

篠田　次に私がＮＡＭＡＲＡに驚かされたのは「こわれ者の祭典」でした。障がいがある方や自殺未遂など大変な経験をされた方がステージに上がって、赤裸々に自らの気持ちを語る。これは行政では絶対にできない。すごい文化イベントだと思った。

江口　引きこもり経験者やアルコール依存症歴ン十年という方たちが舞台に上がって自らの経験を語る「こわれ者の祭典」は、反響がとても大きく東京でも開催しました。一時Ｅテレにも登場した「脳性マヒブラザーズ」も話題を呼んだ。ほとんど歩けない脳性麻痺の人と、ほとんどしゃべれない脳性麻痺の人のコンビなんですが、大変な人気者になった。

篠田　はい。私もブラザーズと話をしていたら、言葉が不自由な方が「市長さん、私もう少し頑張って、今度、市に税金を払うようにしますよ」と一生懸命言ってくれ、涙が出そうになりました。

江口　彼らにとっても、すごい自己実現ですよ。脳性マヒブラザーズと一緒に受刑者の慰問に刑務所に行った時、受刑者の前でブラザーズが漫才やっていたら、受刑者が泣き出すんですよ。「俺はこれまでずっと差別を受けてきた、と被害者意識を持ってきたが、あんたたちは何でそんなに頑張れるんだ」って。刑務所慰問は、こちらも勉強になります。

篠田　なるほど。社会に大きなインパクトを与えた「こわれ者の祭典」はどんなきっかけで始まったのですか？

江口　最初は月乃光司という、アルコール依存症で、もう壮絶な過去のある人が自分のことを本に書いたんですね。それで僕らのラジオ番組に彼に出てもらったんです。もともと僕は精神障がい者とイベントをやるってずっと思っていました。すると月乃さんが「仲間を集めて近々イベントをやりたい」って言うから、「じゃあ手伝うよ」という話になって、数か月後には実現しちゃったわけです。

篠田　NAMARAには他にも発達障がいの芸人や、高齢を売り物にしているご長寿アイドル「笑年隊」など、多様な生き方の芸人たちを活かしている。NAMARAと障がい者の皆さんとの付き合いは古い？

江口　もう20年くらい前、NAMARAを立ち上げて早々の頃から「太陽の村」という知的障がい者施設に通っているんですよ。呼ばれたので行ってみると、もう天然ボケの宝庫のわけですよ。ボケに対して僕らはツッコむのが礼儀（笑）。適切なツッコミを入れれば、しっかり笑いが取れる。それ以来、ずっと継続して呼ばれるようになりました。

篠田　なるほど、筋金入りなんだ。一方で、「こわれ者の祭典」などには、「障がいを売りにするのか」などの批判も出ました。

江口　当然、「障がい者を笑いものにするのか」みたいに怒る人もいるわけです。僕としては単純に障がい者に「興味がある」わけですよ。面白がるということは興味があるからなんだと。興味を持って面白がることが知ることにつながり、知ることが理解につながると思うんです。

篠田　「社会的通訳」の面目躍如たるところがあります。江口さんも障がい者手帳を持っていますね。

江口　実は僕、酔っぱらった時に大ケガして足に障がいが残っているんですよ。それで、足をひきずって歩いていると、「どうしたんですか?」と聞かれ、「うん、ちょっと足に障がいがあって」と答えると、「ああ、ごめんなさい」で話が終わってしまう。だけど、こっちは別に何にも気分を悪くなんてしていない。「え、生まれつきなの?」って普通に聞いてもらえれば、「これこれ、こんなことがあってね」ってどんどん話が続くのに。だから、「こわれ者の祭典」に出るのは、自ら言いたい人たちなんですよ。

篠田　どうしても自治体など公は「これは、うかつに触れられない、触れてはいけない」とみなす領域が大きくなってしまう。だからこそ、タブーをつくらないためにも、江口さんたちのような「社会的通訳」が必要になるし、ありがたい存在でもある。性的マイノリティのことについても、自治体的には「新潟市をどこまで国際標準に合わせるべきか」など、固い議論になりがちです。でも、新潟では江口さんたちが「ＬＧＢＴ48」を組織してくれて、市長応接室に代表何人かを連れて来てくれた。自らがＬＧＢＴであることをカミングアウト（告白）することがいかに大変で、また大切であるかを分かりやすく市民や職員に紹介する機会をつくってくれた。

江口　ＬＧＢＴの人も、言いたい人もいれば、触れられたくない人もいる。ＬＧＢＴでも自分から「オナベ」と言う人もいるし、「オナべって呼ばないで」と言う人も当然います。人によって違う。

篠田　江口さんたちはタブーをつくらない。柔軟で、そこが貴重だ。

江口　僕たちは性被害者の討論会をやる一方で、性加害者の社会復帰支援もする。もちろん、呼ばれたら左派政党でも、右派政党でも、そのイベントに参加します。どっちとも付き合うから、「どっちもあるよね」という感覚がとても強くなった。いいか悪いかじゃなくて、面白いか面白くないかが基準なのです。

風評被害を蹴散らしたアイデンティティ

篠田　大合併した時、新潟市と一緒になった13市町村を江口さんと一緒に回ったこともありましたね。「地元学」と称して新潟市の事業でやった。

江口　ええ。パネルディスカッションをして各地の名物を紹介して、地元食を一緒に食べて。あれは「あるもの探し」ですよね。「水と土の芸術祭」（みずつち）もそうだけど、新潟にはすでにたくさんの財産がある、それにみんなで気づいていきましょうと。

篠田　２００７年の４月１日に政令市がスタートした。ところが、その年の７月16日に中越沖で、２度目の地震が起きて、原発（柏崎刈羽原子力発電所）がらみで世界的な風評被害が出たんですよ。イタリアからセリエＡ（当時）のチーム（カルチョ・カターニア）が日本に来るはずだった。新潟に来るわけじゃなくて、「日本に来る」のがキャンセルになったんですよ。原発が怖くて、選手が行きたくないって。

江口　新潟に来るわけでもないのに、尋常じゃない風評被害ですね。

篠田　なんとか立て直さなくてはいけない。それが「水と土の芸術祭」にもつながっていくわけですけど、２００９年を反転攻勢の年にしようと。この年はたまたま国体があり、ＮＨＫ大河ドラマは新潟県を舞台にした『天地人』、ＪＲのデスティネーションキャンペーンもあると。さらに、日本文理の甲子園準優勝もあった。その１つに「水と土の芸術祭」もあったわけですよ。当時は賛否両論で「なんだ、それ」という人も多かったんだけど。

江口　いや、「みずつち」は素晴らしかったと思いますよ。それこそ、水と土がなかったら何も生まれませんからね。

篠田　あれはプロデューサーに呼んだ北川フラムさんのアイデアなの。「港町・新潟も、その港を取り囲む日本一の美田も、日本最大の大河・信濃川と、それに次ぐ水量を持つ阿賀野川の、2つの母なる川から育てられている。新潟は日本一大量の水と、日本一大量かつ多様な土から生まれたんです」と。さらに、水と土を新潟の新しいアイデンティティにすれば、異質な田園と港町も融合できるじゃないかと。それで「水と土の芸術祭」という名前に決まったんですよ。

3・11大震災の直後にパーティー

江口　風評被害といえば、2004年の中越大地震のときもひどかったでしょう。佐渡とか新潟市とか、中越地方から離れているエリアでも観光客のキャンセルが相次いだ。その時、篠田市長と泉田裕彦知事が県の財界人を100人くらい集めて「新潟県観光復興戦略会議」というのを立ち上げました。そこになぜか僕も呼ばれて。

篠田　そうそう、最初の中越大地震のときね。

江口　新潟県は観光PRが下手だとか、観光PRにかける予算がないんだ、といった話ばかりで、戦略会議なのに戦略が出ないまま終わりそうになった。それで最後に僕が手を挙げて、「一発で解決する方法がございます」って。「こちらにいらっしゃる泉田知事、そして隣にいらっしゃる篠田市長。この2人にデュエットで歌っていただいて紅白（歌合戦）

を目指しましょう！」

篠田　一瞬、会場がシーンとなったよね。議事録にもしっかり残ってるらしいよ（笑）。

江口　いやいや、僕は東京でレコードメーカーに勤めていたから、オリコンチャートの仕組みもわかっているわけ。大物がＣＤを発売していない谷間の時期ってあるでしょう。その時地元の商工会議所とかＪＣ（青年会議所）とか、みんなで組織的にＣＤを買えば泉田・篠田のデュエットがオリコン１位になることも十分あり得るんですよ。すると、お金をかけなくても世の中がニュースにしてくれるし、「新潟はもう大丈夫」というＰＲにもつながるというね。

篠田　でも、私たちもいろいろと勉強させていただいて、新潟のキラーカードが「食」であることに気づいた。ＪＲのデスティネーションキャンペーンのテーマもそれまでの「うるおいの新潟」から「うまさ　ぎっしり新潟」に変わったし、新潟市は「食と農と文化」を融合させる「食文化創造都市」を目指すことにしました。

そんな新潟市に応援団ができ、ぐるなびが新潟の食を発信してくれ、ウィラーグループは日本で初のレストランバスを新潟市で運行してくれました。

災害つながりで言うと、２０１１年に３・11大震災が起きた時も、江口さんは県内10か所を縦断して大々的な出版パーティーをやった。私も呼んでもらいました。

江口　ちょうど僕が『エグチズム』（新潟日報事業社）という本を出版したばかりのタイ

ミングだったんですよね。最初は出版パーティーなんて考えてなかったけど、大震災の直後だったから、あえてやった。ああいう暗い空気はお笑いにとっては死活問題ですから。

篠田　パーティーなんて不謹慎だと思った人もいたかもしれないよね。昭和天皇崩御の後、あらゆるところに自粛ムードが流れたのと同じ。でも、その結果、日本経済の活力が失われたわけだから、自粛すればいいというものでもない。

江口　すぐに本業のお笑いのイベントもやったんですよ。普通にやると怒られるから、仙台に住んでいて家を流された芸人仲間を呼んだんです。車で迎えにいって、「仙台に義援金を送る」という形を取ってＮＡＭＡＲＡで公演しました。「新潟でお金を集めて持って帰って」って。それが新聞に載ったことで、ＮＡＭＡＲＡの評価も上がった。

篠田　私は良かったと思うけど、新潟にもいろいろな考えの人がいるからね。中には批判する人もいたでしょう。

江口　そういうことが実行できる環境をつくったことも、篠田さんの市長時代の功績だと思うんですよ。「みずつち」を始めたくらいで、記者時代にもいろいろ取材した蓄積があって文化に対する理解が深い。僕は篠田さんの前の市長と対談したこともあったし、泉田さんの前の平山征夫《いくお》知事にも会ったことがあるんだけど、やっぱり市長や県知事という人たちにはなかなか笑いを理解してもらえないものです。

好きなことをして食べていける街

篠田　新潟っていろんな魅力がある都市だけど、食料自給率が高く、農家さんとの距離が近いせいもあるのか、「みんな、なんとか食べていける都市」ともよく言います。それが豊かさでもあり、がつがつしない人の良さにもつながっている。

江口　新潟市という都市は、Negiccoのようなアイドルもいれば、お笑いでも似顔絵でも食べていける。演劇もプロレスも地方活性化モデルも、みんな好きなことをやって食べている人がいますよね。こんな街、他にありますかね。人口80万程度の地方都市で、これだけタレントがいて生活できる都市って他にないと思いますよ。新潟県は起業率が全国一低いって言われるけど、これって起業ですよね。僕たちの活動が起業にカウントされることはないけど。

篠田　確かに。この規模の地方都市で、好きなことをやって食べていけるって、これはすごいこと。大体、新潟市は京都・奈良や城下町に比べて、文化財の数は少ないかもしれないけど、文化を創造する力が大変に強いと思う。踊りだけでも市山宗家がいらっしゃって古町芸妓がいる。新潟まつりの民謡流し参加者は日本一クラスだし、「新潟総おどり」もすごい祭りに育った。コンテンポラリーダンスの「Ｎｏｉｓｍ（ノイズム）」は日本唯一の劇場専属ダンスカンパニーで世界的に評価されている。あの踊りを見て、ワークショップに参加した若者たちが高校ダンス部に進むので、新潟中央高校や新潟明訓高校などが高校ダンス部の大会で日本一になり、ワンツー・フィニッシュを決めたこともあった。

江口　NAMARA流のことをやっていると、新潟では食べていける。そういう人たちがいっぱい出てきています。プロレスも芸妓も会社があるし、Negiccoを筆頭にローカルアイドルもいっぱいいる。NGT48だって、48グループが福岡の次に新潟市にできるなんて、誰が予想したでしょう。おまけに48グループの最大イベント、「選抜・総選挙」まで新潟市で開催され、大成功したしね。「美少女図鑑」も新潟市が発祥の地だ。

篠田　これは新潟の誇りにしていいことと思う。NAMARAはこれまでも新潟から先進的な取り組みを発信してきたけど、ここにきて、国連が世界的に取り組んでいるSDGs（持続可能な開発目標）にもいち早く反応していますね。

江口　国連が主導するSDGs17分野にNAMARAがどう取り組んでいるか、これまでの活動を当ててみました。例えば、「貧困」には「フードバンクにいがた大使」をやっているし、「ジェンダー・男女共同参画」分野では「LGBT48」を提起して篠田さんに市長時代に面談してもらった。「障がい」分野では「新潟県弁護士会人権賞」を受賞済みだし、「防犯防災」では県警から「特殊詐欺被害防止お笑い広報大使」を委嘱されています。大企業だって「SDGsにこれからどう対処しようか」って考えているのに、「新潟ではもう始まっているよ」ってね。

篠田　うん、吉本もいま調子悪いみたいだしね。20世紀には考えられなかったことが、新潟市から始まりますかね。

江口　最初に言ったように、僕らがNAMARAを始めて、その2、3年後からいろいろなものが出てくるようになった。だから、その時期、21世紀になる辺りで新潟に何かが起きたんですよ。その流れの中で民間出身の篠田市長も誕生した。

篠田　民間市長は、よく、いじられましたよ。「同じ町内だから知ってるんだけど、市長の家なんてちっちゃくて、日当たりが悪い、あばら家なんですよ」とかさ（笑）。

江口　20年のお付き合いということもあるけど、やっぱり民間出身の篠田さんの人柄でしょう。シャレを分かってくれるし、積極的にボケてもくれる。役人出身の人だったら、こんなにスムーズに乗ってこれない。篠田さん、本当にNAMARAに入って芸人やってくれないかなって思いますよ。

篠田　たいへん魅力的な提案です（笑）。そういえばNAMARAには専業だけじゃなくて、他に仕事を持っている兼業芸人もいましたね。

江口　そうそう、たくさんいますよ。これからは亀田製菓芸人とかブルボン芸人とか、地元の有名企業でそれぞれ芸人をつくって、企業対抗の芸人大会みたいなのをやっても面白いと思う。そうすれば、わざわざお金を出して中央のタレントを呼ばなくても、自前の芸人が企業PRだってしてくれると。

篠田　本当に、「好きなことをして食べていける」のはすごい。こんなに幸せなことはないでしょう。実は新潟市って一人一人はそれほどじゃなくても平均世帯収入が高いんですよ。政令市の中では、持ち家比率もその面積もナンバーワンなんです。そういう豊かな暮らしの土台の上で、好きなことをして生きていける、お互い助け合って生きていける風土特性がある。単純に収入を比べたら負けるかもしれないけど、幸福度では政令市ナンバーワン。そうなれるポテンシャルは十分あると思うんですよ。

新潟に住みたいと考える若者も増えている

江口　僕たちの町内もそうだけど、このところ中心部の古くからの住宅街ではすごく空き家が増えているでしょう。これをもうちょっと有効活用できないのかな。外から来た人に格安で貸してあげるとか。

篠田　いいね。その田舎版は越前浜（西蒲区）で、前例もあるわけだし。

江口　越前浜、いいですもんね。アーティスト志望の人がたくさん移り住んで、アート特区みたいになっています。最近は外国人も住み始めている。そういうものが街中にあってもいいと思うんですよ。今は新潟市の人口も80万人を切ってきた。つまり、就職で出ていく若者が多いということでしょう？

篠田　そうですね。求人倍率は1・7倍くらいで悪くないんだけど、求めている仕事がないと。だからといって、東京に行っても何とかなるわけじゃないんだけどね。江口さんたちみたいに、むしろ新潟に残った方が何とかなるかもしれない。

江口　うちはもともと「好きなことを仕事にしよう」という会社なので。「こんなことやりたい」という人が来て、実際に形になっていく。新潟はそれができる街なんです。

篠田　東京の若者にIターンしたい土地を聞いてみると、長野、山梨と来て、新潟も大体トップ5には入るんです。新潟の豊かさみたいなものを最近の若者も少し感じ取っているんじゃないかな。

江口　僕は競争の激しい東京でお笑いをやるよりも、むしろ新潟でやった方が得だという計算もあったんですよ。実際、立ち上げたばかりの時、「地方初のお笑い集団」ということで、いきなり東京から取材が来ましたから。

篠田　茂木健一郎さんなんかは「大河ドラマと朝のテレビ小説を持ってこようという地域はもうダメです」と、よく言っています。自分から発信すればいいじゃないかって。

江口　うん、その通りだと思いますよ。

篠田　十日町に住んでいるドイツ人建築家のカール・ベンクスさんによると、「日本人は宝石を捨てて、砂利を拾っている」と。素晴らしい古民家をあっさり壊して、よくある洋風建築を建てて喜んでいる、と嘆いているんですね。新潟もその風潮が強かったけど、若い世代の間では変わってきていると思うんです。それでIターンしたい土地にも選ばれる。ところが、そういう空気の変化に行政はなかなか気づかない。

江口　やっぱり、新潟でニュースをつくった方がいいですね。東京から取材に来たくなるようなものを……。そうだ。篠田さん、新潟発のネットニュースキャスターになったら？　毎回、学者や経済人などのゲストを呼んでさ。スポンサーもつきそうだし、ネットなら制限も少ないから言いたいこと言えますよ！

篠田　なるほど、それは面白そうだ。ちょっと考えてみましょうか（笑）。

第四章

自由な絵を描く しゃべっちょこきの学校

西暦	子育て・教育支援政策	市民自治への取り組み
2003	中学校で複数メニューから選択でき、家庭からの弁当も選択可能なスクールランチ方式による給食開始（2018年28校実施）。	「市政改革・創造推進委員会」を設置。「新潟都市圏の将来像を考える」シンポジウム開催。
2004	次世代育成支援対策行動計画「すこやか未来アクションプラン」策定。	市民からの意見を聞き、市職員の退職時特別昇給を全廃へ。
2005	生涯学習センター「クロスパルにいがた」開館。	合併建設計画など審議へ、合併市町村に「地域審議会」設置。
2006	全国に先駆け新潟市教育ビジョン策定。「学・社・民の融合による教育」を掲げる。全小・中学校に学校司書配置。	市が「行政改革プラン2005」に基づき、民間委託や指定管理者制度を積極的に推進。「5区」の区名問題で小須戸地域の住民意向調査。「新潟市PFI推進基本方針」を策定。
2007	保育施設定員率43・7％で政令市第1位（2018年度62・8％で第1位）。待機児童ゼロを2016年まで継続。児童相談所を設置。こども医療費助成を未就学児、入院は12歳まで拡充（2015年までに通院12歳、入院18歳まで拡充）。県から市立小・中学校等の教職員人事権移譲。地域教育コーディネーター配置開始。	政令市移行で8行政区がスタート。「地域審議会」を改組し、全8区に「区自治協議会」を設置。「分権型政令市」の柱に。市民ミュージカル「明和義人～新潟湊・市民自治の源流」上演。区単位で市長の「まちづくりトーク」スタート。
2008	「にいがたっ子すこやかパスポート」の発行を開始。	映画『降りてゆく生き方』県内で製作。
2009	完全米飯給食実施。	県立図書館、新潟大学附属図書館と連携強化。
2010	ワンストップ窓口「子育てなんでも相談センターきらきら」開設。	「行政改革プラン2010」策定。市民に公開し「事業仕分け」実施。「生涯学習推進基本計画」策定。

2011	「食育・花育センター」がオープン。若者の社会的・職業的自立を支援する「若者支援センター」設置。「学校図書支援センター」を図書館に設置。東日本大震災で避難してきた児童生徒等の保護者に対し、経済的支援実施。	「区自治協」の活動を活発化するため、「自治協提案予算枠」を新設。「第2次男女共同参画行動計画」を策定。外部の視点による「事業仕分け」2回目を実施。
2012	子育て支援充実に向け「ファミリー・サポート・センター」展開。	「新田清掃センター新焼却場」を民間活力活用のDBO方式で整備。DV被害者支援を行う「配偶者暴力相談支援センター」開設。
2013	「こども創造センター」と「動物ふれあいセンター」オープン。「新潟市子ども・子育て会議」設置。	「次期総合計画」と「行政改革プラン2013」の策定開始。
2014	教育委員を5人から8人とし、担当区制を導入。区単位及び中学校単位での教育ミーティング開始。「市いじめの防止等のための基本的な方針」策定。全市立小学校で農業体験学習開始。	自治の深化に向けて区長会議新設、公募区長登用、区づくり予算増額、教育委員の増員・担当区制導入。
2015	「市立乳児院はるかぜ」開院。放課後児童クラブで小学校4年生以上の受け入れ開始。新「教育長」及び総合教育会議の設置。教育大綱を策定。	地域ごとに公共施設の最適化を図る「地域別実行計画」について、まず潟東など3地区で策定作業へ。「暮らしの点検・評価アドバイザー」を市民に委嘱。
2016	先進的取り組みで実績のある地域として「移住モデル地区」第1号に西蒲区越前浜を指定。全区に「妊娠・子育てほっとステーション」設置。	「在宅医療・介護連携センター・ステーション」を各区に設置、運営。
2017	年度替わりに待機児童2名。小学校の少人数学級を拡充。全市立学校に司書を配置。	外部の有識者により「行政改革プラン2015」を評価。「行政改革点・評価委員会」による中間評価を実施。
2018	「新潟市立保育園配置計画」策定。すべての市立小学校で通学路の危険箇所の総点検を実施。全国学力テストの結果を発表。小学校6年の国語2分野・算数1分野で政令市第1位。	本格的な人口減少や超高齢社会・少子化と厳しい財政状況などに対応するため、「行政改革プラン2018」を前倒しで策定。

「学校を地域に開く教育」

子ども2人にボランティア1人

新潟市の小中学校に入ると、敷地内に教職員以外の大人たちが大勢いることに驚かされる。中央区の下町にあり、入舟、湊、栄、豊照と4つの小学校が2015年に統合して誕生した「日和山小学校」に、この日も多くの地域の方やボランティアの皆さんが顔を出し、子どもたちに声を掛けていた。その中心になっているのが入舟小時代から「地域教育コーディネーター」を務める小島良子だ。

「4小学校の統合で学校が遠くなり、学校支援活動が難しくなった地域もあったけど、その分、広い地域から応援してもらえる。いま登録されているボランティアは171人」と小島は言う。日和山小では、統合を機に旧栄校舎を改築し、「教育コーディネーター室」や「多目的室」などが整備された。校舎とは別のカギで地域の人がいつでも出入りできる。子どもたちのクラブ活動もボランティアが指導に当たり、運動分野では卓球とバドミントンが独立して活動。他にはパソコンや料理、イラスト、茶道・華道から探検まで幅広く11のクラブがある。「指導するボランティアには学生さんもいます。先生方は見守ってくれれば良い形になった」と小島は現状を語る。日和山小の児童数が360人ほどなので、子ども2人にボランティアがほぼ1人いる充実ぶりだ。

市の「教育ビジョン」を作成

新潟市の教育の大きい柱に育っている地域教育コーディネーターは、どうやって生まれたのか。篠田昭はこう振り返る。

新潟市が大合併から政令市を目指した大きな理由の1つが、教職員の人事権が県から政令市に移譲され、教育にしっかりと責任を持てるようになることでした。人事権を活用するためには、新潟市がどんな教育を目指すのか、それを明示する必要がある。そこで「新潟市教育ビジョン」を市教育委員会（市教委）に作成してもらうことにした。私からは「学校を地域に開き、地域から支援される学校を目指してほしい」との方向性だけをお願いした（篠田）

「市教育ビジョン」の作成を、新潟市教委学校指導課長として担当したのが伊藤充だった。「先輩政令市のやり方も勉強しましたが、一番参考になったのは新潟市教委に来る前に一年だけ校長をやった刈羽郡高柳町（現柏崎市）の門出小学校でした。門出は地域が学校を支えているというか、本当に地域と学校が溶け込んでいた。学校の運動会でも地域の集落対抗レースがあるし、終われば地域毎の反省会に先生方も呼ばれていた。地域と学校が助け合う教育。これはムラの学校でなくとも、新潟市でできるんじゃないかと考えました」と言う。

教育コーディネーターが推進役

大合併が確定する前の２００４年から教育ビジョン検討委員会が始まり、政令市発足１年前の06年３月、最後の全体会議で「学・社・民の融合による人づくり、地域づくり、学校づくり」と大きな目標が掲げられた。それを推進する中心的事業が「地域と学校パートナーシップ事業」で、その推進役が地域教育コーディネーターだ。まず、07年度に８区に１校ずつ「パイロット校」が選定され、８人の初代コーディネーターが誕生した。「地域と学校が一緒になって子どもたちを育てる、という考え方は国も打ち出しますけど、文科省より新潟市の方が何年か早かった」と伊藤は言う。

初代８人の１人である小島は、２人の子どもが入舟小を卒業した後も、大好きなミニバスの指導に元保護者として関わり、地域に沢山の仲間がいた。「当時の校長先生が『是非うちの学校でやりたい』とパイロット校に手を挙げて、『あなたにコーディネーターをやってほしい』と言ってきた。校長はすごく積極的だったけど、他の先生方は「学・社・民の融合」も、コーディネーターの位置づけも分からず、みんな様子見でした。1年目は先生方の意識改革期間だったでしょうか」と小島は語る。それでも小島は地域と学校を近づけようと、学校便りを頻繁に発行するなど活動した。

「余計仕事を増やすな」との反発

同じ8人衆の1人、坂井東小で初代コーディネーターを頼まれた郷扶二子《ふじこ》も同様の経験をしたが、同小は03年からパートナーシップ事業の前身だった「ふれあいスクール事業」に選定されていた。郷も二児が卒業した後、「ふれあい主任」に任命され、その分、予備知識があったかもしれない。「自分の子どもたちと小学校の縁が切れたのに、私と坂井東との縁は逆に深くなった」と郷。ふれあいスクールのモデルは、地域の人が積極的に学校に入って活動をすることで全国に知られた千葉・習志野市の秋津小だ。当時の新潟市は、秋津で活動の中心だった岸裕司を招いたり、民間人校長としてユニークな活動を展開した杉並区和田中の藤原和博に話を聞いたりして、地域と学校の関係強化を探っていた。

郷は「お2人の話を聞いて、ホント、すごいなって思った。その後、新潟は政令市になって坂井東もパイロット校になった。今度も頼まれてコーディネーターになったんですけど、新潟市はただのボランティアではなく、非常勤職員の位置づけにしたんです。『これはすごいな』と。よそからも『新潟は素晴らしい』と言われました」と振り返る。そんな坂井東でも、一般の先生方はコーディネーター配置の意味合いが分からなかった。「ふれあいスクールは放課後に子どもたちを支援するもの。学校本体とはあまり関係がなかったけど、パートナーシップ事業は授業も含めて学校全体と関わる。市教委からは『前例がないことだから、自分たちで自由に絵を描いてやってほしい』と言われたけど、先生方がその気になっていなかったから、立ち上げは大変でした」と郷。ごく一部の校長を除いて、教職員側の反発はある程度予想されていた。「ただでさえ忙しいのに、また地域との付き合いという余計仕事を増やせというのか」との声は篠田にも届いていたという。

「新潟市から出ていってほしい」

パートナーシップ事業を始める前、篠田は「地域と学校との関係を強化する」との決意を教職員が集まる場で示していた。

校長も集まる場で、わざとこう言いました。「政令市になると人事権は新潟市が持つことになる。パートナーシップ事業に反対の先生には手を挙げてほしい。新潟市の学校から異動し、県教委に戻っていただいて結構ですから」と。意識改革が進まず中途半端だと、本当に余計仕事になってしまうと思っていましたから（篠田）

郷も篠田の言葉を伝え聞いた。「地域に関わることが嫌な校長は、新潟市から出ていってくれ、と市長が発言したと聞き、びっくりもしましたが、市としての覚悟も感じた」そうだ。小島には初年度、1つの思い出がある。「8人のコーディネーターが市長応接室に呼ばれて意見交換をした。みんな悩みながら試行錯誤していることが分かり、それから8人でよく話をするようになった。中之口東小（西蒲区）には果樹園があるし、中野山小（東区）にはいい田んぼがあって、総合学習に活かそうとしていた。うちには、そういうものはないけれど、信濃川や市歴史博物館がある。取り組みは同じにはならない」と思ったそうだ。

総合学習や家庭科で成果

2年目になると成果も出始めた。小島は、地域とのつながりを総合学習に活かした。「総合学習は地域のことを調べることも多く、私がお役に立てた。先生方も『何でも自分でやらなくとも良いんだ』と気づき始め、甘え上手になって相談してくれる方が増えてきた。地域の方も次第に学校に来るようになって、花壇をきれいにしたり、環境整備にも力を出してくれたりした。子どもたちからも感謝され、校長先生からもお褒めの言葉をいただくと、さらに張り切ってくれた。自治会活動でも積極的になり、役員になる方が増えました。こっちも嬉しくなるし、地域がすっごく元気になりました」

郷は、分かりやすい授業支援として家庭科を選んだ。「家事ができる普通の方から来てもらってミシンや縫い物をしてもらった。当たり前のことをして、子どもたちは『おばさん、すごい』と目を輝かせてくれるし、そういうものが苦手な先生からは『手際がすごくいい。名人ですね』とお褒めをいただける。先生の方も『地域の方から授業に来てもらったら、すごく良かった』と同僚に伝えてくれ、それで輪が広がり出しました」

2年目からは配置もスムーズ

初代の8人が連携しただけでなく、2年目から配置される地域教育コーディネーターとのネットワークも意識されていた。郷は、「西区では西内野小や東青山小、中学では坂井輪や小新《こしん》などに配置されていった」と、学校の名をすらすらと挙げる。「小学校にはこちらの経験をお話ししたし、中学についても話し合った。中学では『どんな大人になりたいか』の観点で働き方や職場体験など、キャリア教育から入っていくところが多く、それなら協力してくれる人や適任者が地域にたくさんいて、その方たちを紹介しました」と言う。

学校側の準備も進んでいく。桜が丘小（中央区）の豊嶋直美は当時の校長から「2年目はうちが手を挙げる。その時のコーディネーターはあなたにお願いしたい」と言われていた。「その前から、小島さんらとは付き合いがあり、割と自然にコーディネーター役に馴染んでいった」と豊嶋は振り返る。

市教委で教育ビジョンの作成を担当した伊藤は、その後5年間、新潟小校長として現場でビジョンの実践に当たった。これらの取り組みを踏まえて、こう総括する。「最初は『また、仕事が増える』と思っていた校長もいたが、実際に取り組んでみると効果は大きかった。学校にコーディネーターが入ったことで、地域の方が学校に来てくれるようになり、先生方だけでなく保護者の意識も大きく変わった。頑張っている先生方が充実感を持ち、さらにやる気を出して教育ビジョンを推進してくれた。国も地域と学校の関係強化に乗り出し、お陰で新潟市ではすべての学校にコーディネーターをいち早く配置することができた」

「家の中だけで成長しろ」は無理

そんな新潟市の取り組みを、ずっと見守ってきた人がいる。習志野市秋津小を活動拠点として、「生涯学習コミュニティの創生」と「まち育て」を実践してきた岸裕司だ。岸は「新潟市は教育ビジョンをつくり、地域との関係を重視する方向性を明確に打ち出したこと自体が素晴らしかった。日和山小のようにクラブ活動を数多くつくったこともいい。大体、女性はすぐネットワークをつくれるが、男性はなかなかつながりにくい。これをクラブ活動でつなげていくのがポイントです。あとは、学校施設の管理の問題。校長がすべてに責任を取らされるのでは、学校を地域の活動拠点とする動きは広まらない。カギを別にすることが第一歩」と語る。

秋津小は地域主導で全国のモデルとなる活動を行った「エリア型」、杉並区和田中は民間人校長である藤原のリーダーシップで意図ある改革を主導した「テーマ型」と言われる。和田中が「学校支援地域本部」をつくったことが注目され、以来「学校の地域応援団」を文科省は全国に普及させていくことになる。岸は「新潟市は地域教育コーディネーターをいち早くモデル校に配置したことで、全国に先駆けて全校へのコーディネーター配置を実現した。地域の方が小学校から子どもたちに関わる意味は大変に大きい。核家族の時代に『家の中だけで成長しよう』と言っても無理。地域が果たす役割は大きい」と新潟市の取り組みを評価していた。

民間人校長も大きな刺激に

これまでの学校は、教える側の先生と、教えられる側の子どもたちしかいなかった。そこにコーディネーターが入り、地域の人が入ることで、学校が大きく変わった。ともすればモノトーンになりがちな教育界を変えようと、篠田は二の矢を放った。民間人の校長公募だった。

民間人の知恵や経験を学校に入れようと思った。新潟市役所職員も役所しか知らない人が多く、「失敗はしてはいけない、許されない」との気風が強かった。もっとチャレンジングな組織にしたいと採用の際に「社会人経験者枠」をつくった。教育委員会は一家意識がさらに強いので、何とか風穴を開けたかった。幸い、和田中の藤原校長は新潟市に何度も来てくれ、新潟のファンになってくれていた。彼の意見を聞きながら新潟市教委で民間人校長の「公募」をやることにした（篠田）

7代目は海外勤務経験の商社マン

２００８年から始まった公募校長制度は、その後、市役所職員にも枠を広げ、現在も続いている。中には航空会社でキャビンアテンダントの経歴を持つ人もいた。現在、内野小（西区）校長の中村芳郎は7人目の公募校長だ。中村は上越市の生まれで、商社に就職。5年間のドイツ駐在の後、40代前半で帰国し、本社営業や経営企画などを担当していた。

「その時に、３・11大震災を東京で体験しました。仕事をしていたビルが大揺れに揺れて、死ぬかと思った。大震災を契機に、ふるさとの大切さを見直す気持ちが湧き始めた頃、たまたま新潟市のホームページで『公募校長』の制度を知った。『子どもたちのためになりたい』との気持ちが芽生えました。教員はすごいスキルが必要だし、『なれるかな』と何度も自問しました。でも、自分が教壇に立つ訳じゃない。校長は、教職員を働きやすくして子どもたちに良い教育環境を提供するんだし、それなら民間の管理職としての経験が活かせるのでは、と思った」と、中村は応募の動機を語る。

最初に校長として勤務したのは竹尾小（東区）だった。竹尾小は児童３００人ほど。農地と住宅地が融合している、落ち着いた地域と感じた。教員経験のない自らの課題は、子どもたちの学力向上のために「授業をどう改善できるかだ」と分析。市総合教育センターの事業に手を挙げ、「学力向上プロジェクト」（授業改善）に全校で取り組んだ。地域教育コーディネーターにも注目していた中村は、地域の伝統産業である菊づくりや学校田のコメ作りなど、さまざまな教育活動に地域の方から「学習ボランティア」（地域の先生）として関わってもらった。

「企業経営」と「学校経営」の違いは？

中村は赴任してみて、改めて民間出身の公募校長に大きな関心が向けられていることを感じた。「学内外のいろんな人に、『企業と学校では、マネジメントや経営の仕方がかなり違うでしょ』と聞かれた。私は『理念やビジョンを実現するという点では同じです』と答えました。『価値を創造するために、経営資源をフル活用する点でも同じ』なのですが、企業経営での価値は利益や社会的責任なのに対し、学校経営では子どもたちをはじめとするすべての人に、学校と関わることで、かけがえのない幸せを感じてもらうことが価値だと考えています」

3年後、中村は上山《かみやま》小（中央区）の校長となった。「上山小校区は人口増加地域で勢いがありました。この頃、新潟市が地域の将来人口を年代別のピラミッドで予測する『地域カルテ』を作成しました。私はこれを積極的に使わせてもらった。地域の発展と、学校の発展をパラレルで考えるべきと思ったからです」と中村。現在の内野小校区には、新潟大の教授OBとか学校関係者が数多く住んでいる。「これも財産です。地域カルテを基に地域の将来を全体像として把握し、その中で人づくりはもちろん、地域づくりと学校づくりを共に考えるのも学校経営ではないか」とも言う。

中村が2018年度から校長を務める内野小でも、地域教育コーディネーターは学校にとって重要な戦力だ。この日も2人のコーディネーターと中村は語り合っていた。2人はコーディネーターになって、学校に入ってくれるボランティアのありがた味を感じているという。「やっぱりボランティアさんがしょっちゅう顔を見せてくれて、学校の敷居が低くなった気がする」「保護者でも参観日には学校に行くけれど、それ以外の学校の様子って意外と知らない。でも、ボランティアで入ってくれるようになると、学校のいろいろな面が見えてきてね。先生方も結構大変なんだとか……」と2人は語る。

18年4月に中村が内野小に来て、変わったことがあると言う。「前はね、校長先生から直の依頼はまずなかった。それが中村先生は動きが早くて、急に指令がくるからねぇ」「地域を知りたいという気持ちが強くて、小さな祭りとかお花見にも行かれるし、積極的に地域に参加してくれるのはすごいと思う」――2人は公募校長である中村のパワーを、精一杯受け止めているように感じた。

すべての子どもたちに農業体験

地域と学校の関係は年々強化されていった。次に篠田が取り組んだのは「大地の力、農業の力」を学校教育に活かすことだった。まず、2009年に地元のおいしいコシヒカリを学校給食に活用する完全米飯給食を実施した。さらに2012年からは、「すべての子どもたちに食育と農業体験」を合言葉に、「アグリスタディ・プログラム」づくりに取り掛かった。

「田園型政令市」である特徴を子どもたちに伝えたかった。完全米飯給食は保護者の反対も予想していたが、驚くほどスムーズに移行できた。農業体験は単に楽しいだけでなく、子どもたちの興味を引き出し、育ちに結びつけてほしかった。ただ、農水サイドと教委サイドの双方が本気を出さないとうまくいかない。協働作業がしっかりとできるかがカギだった（篠田）

「アグリスタディ・プログラム」作成の難題に取り組んだのは、ちょうど新潟小校長を定年で辞める時期が近づいていた伊藤だった。篠田は伊藤を教育政策監に任命。「教育ビジョン」の仕上げと共に、「アグリスタディ・プログラム」の作成を使命として伊藤に託した。2012年暮れから検討会議を立ち上げ、協働作業が始まった。伊藤が振り返る。「農水サイドは『子どもたちに農業体験は大変ありがたい』と当然思っていたが、教委サイドは『アグリスタディをやることで子どもたちが本当に力をつけてもらわなければ困る』との立場。本格的な協働作業が必要でした。三重県の『もくもくファーム』や、世界の先進地であるフランスの『教育ファーム』を農水部幹部や若手と一緒に見に行って、大いに議論をしました。当時の農水部長が生涯学習やNPO活動に熱心な人だったのが良かった。若手教員にも大変に一生懸命な方がいて、学習課題をしっかりと掲げる重要性を理解してくれたので、教委サイドも頑張り甲斐がありました」

指定管理者とも協働作業

「何のためにアグリスタディをやるのか」――その狙いや教育効果についてカリキュラムとして書き込んだ「アグリスタディ・プログラム」が13年度に出来上がり、14年度には南区に合併建設計画を補強した宿泊型の農業体験施設「アグリパーク」もオープンした。アグリパークは市の直営ではなく、企業グループが指定管理者に選ばれ運営する。伊藤は、この企業グループとも意見交換を重ねた。「こちらは教育の側に立つが、指定管理者は当然、営業の視点がある。宿泊代をいくらにするか、この教材費は適当か、子どもたちを運ぶバス代はどこが負担するか、などなど1つずつ議論をして決めていきました。あと、良かったのは校長経験者を2人送り込んだことと、アグリスタディ指導主事を市教委と農水部の兼務発令にしたこと。その指導主事は指定管理のインストラクターの研修を徹底してやってくれた。教員免許を持たないインストラクターが大変に意欲的になって、どうすれば学習効果が上げられるのかを考えてくれました」

ケネディー米国大使も視察

日本初といってよい「アグリパーク」はマスコミからも注目され、全国から視察が訪れた。子どもたちが牛の体温を図ったり、搾乳体験をしたりして歓声を上げる。インストラクターや地域の農家さんも大きな役割を果たしている。しかし、あくまでも教えるのは教員だ。「アグリスタディ・プログラム」は幼稚園や保育園用を加え、2015年秋に改訂版をつくった。翌年にアグリパークを訪れた米国のケネディー駐日大使（当時）もこの施設に大きな関心を示し、収穫されたトマトなどを美味しそうに頬張った。そんなアグリパークを利用した学校は2018年度で189校、利用者は1万6620人に上っている。

「県教委でできないことをやって」

新潟市が地域と学校の関係を重視し、農業など体験学習に力を入れているうち、新潟市の子どもたちの学力向上が顕著になってきた。ここに関連はあるのだろうか。篠田は言う。

私たちは市教委に「詰め込み教育」をお願いする気はなかった。しかし、全国学力テストで常に上位になる秋田県や福井県が、地域との関係を重視していることは知っていました。地域から支援されていることは、子どもたちにも励みになる。あと、市教委にお願いしたのは、8区の中で学力が一番低い区が固定されないこと。学力の低い区にこそ優秀な教職員チームを派遣して、学力向上を図っていけば全体の学力も上がっていくはずだし、それは大合併をお願いした市長としての責任と思った（篠田）

政令市になった新潟市にとって、県との関係は重要だが微妙な点もある。篠田は新潟市長として「図体の大きい新潟県教委にやれないことを、小回りの利く政令市教委からやってほしい。それが新潟県全体にも良い影響を与える」と言うが、市教委幹部としてはかなり悩んだ点だった。学校指導課長だった伊藤は言う。「先行政令市ではかなり割り切って県との関係を切ってしまっているところもあったが、私たちはできるだけ県と良好な関係を保とうとした。そうしなければ県も市も教育水準の低下をきたしてしまう。いわゆる過疎校にも新潟市教委採用の教員が勤務するなど交流人事を適切にやり、お互いがプラスを出せるようにしながら、その中で独自性を出すよう工夫しました」

その中での大きな課題は、「市教育ビジョン」にもうたう「確かな学力の向上」をどう実現するかだ。新潟市は「どんな大人になりたいか、目的意識を持つ子どもたちが育つよう、キャリア教育に力を注いだ。「市教育ビジョン」を基に、それぞれの学校の環境・特性に合わせた「学校教育ビジョン」を全校につくってもらい、「学校経営方針」をその中で明らかにしてもらうよう取り組んだ。伊藤が特に力を入れたのは教員の指導力アップだった。伊藤の後を継いだ歴代教員出身課長も「市教育ビジョン」をブラッシュアップしていく。「マイスター制度を立ち上げ、教育指導力・授業力のある先生が育つよう市教育センターを中心に頑張ってもらった。次いで、小学校のすべてのクラスに『今日はどんなことを学ぶのか、何をするのか』を学習課題として黒板に書いてもらうようにした。最後のまとめも板書してもらいました。『こういう理由で、こうなんだ』ということを子どもたちにしっかりと伝える力を持ってほしかった」

これらの努力が実ったのか、新潟市の学力は政令市の中でトップクラスになっていく。特に小学校では国語・算数4分野のうち複数分野で政令市ナンバーワンになっている。次の課題は中学校にまで、この成果を伸ばしていくことだ。伊藤は「市は、義務教育を担うわけですから、中学校を卒業する時の学力が大切です。中学校では、先ほどの板書について小学校より導入が遅れた。今後、効果が出てくると思うし、出さなければならない」と気を引き締める。２０１９年度の全国学力テストは従来とはやや違う方式だが、小６国語で新潟市が政令市トップだった。一方で、新潟県も子どもたちの体力の面で47都道府県のトップクラスを維持している。

「地域の達人」が地域自治でも活躍

地域資源の「お寺」を活用

地域教育コーディネーターの配置を核とした「新潟市教育ビジョン」が、子どもたちの学力向上に結びつき大きな効果を上げたことを紹介した。実は、地域教育コーディネーターが活動を深めていくうち、もう1つ大きな効果が出てきた。地域で子どもたちを育てようという取り組みが、学校を超えて広がり出したのだ。日和山小のコーディネーターを務める小島良子は、入舟小時代から「お寺でゴーン」というユニークな活動を始めた。「地域に『ウキス興源寺』という子どもたちの育ちに理解のあるお寺様がいらして、『子どもたちをお寺に泊まらせて、共同体験をしよう』と始めました」と小島は言う。1年目は全校児童が「早寝、早起き、朝ごはん」を体験して、そのまま学校に行った。あんまり忙《せわ》しないので、2年目からは休みの前の日に設定して地域の銭湯も楽しみ、地域の漁協の協力を得て魚介類たっぷりの夕食を楽しんだ。

「ボランティアの方が沢山いないとできない。地域にボランティア募集のチラシを配った。一緒に泊まるボランティアは大変なので3人ぐらいにお願いし、後は『この時ボランティア』と言って、夕食の準備だけとか、後片付けだけとか協力いただいている」と小島は言う。学校統合を見据え、「早く仲間になってほしい」と隣接の3小学校にも声を掛けた。今は6年生に絞って「お寺でゴーン・修行編」と名を変え、座禅修行を取り入れている。

「防災キャンプ」に専門家が協力

坂井東小のコーディネーター、郷の取り組みも進化している。例えば、夏休みの「防災キャンプ」だ。学校の体育館を避難所にして寝泊まりするキャンプに50人ぐらいの子どもたちが手を挙げた。防災プログラムづくりには防災関係のNPOや防災士、市防災課の職員が関わってくれた。教育コーディネーターとしてのネットワークが地域を超えて広がったからこそできることだ。郷は13年の取り組みで地域が変わったと思う。「従来は学校からは地域が見えていなかったし、地域も学校を見ていなかった。地域の人も学校と関わると、学校の大変さが分かってくる。いまは『子どもたちを育ててくれるんだから、喜んで協力するよ』という方が増えてきました。双方が顔の見える関係になってきたと思う」と郷は語る。新潟市も財政が厳しい中、教育コーディネーターの活動費を確保するのは容易ではないが、その重要性を認識した地域や団体が助成金を出し、自分たちの出番をつくるケースが増えてきたことも郷は実感している。

しゃべっちょこきと世話焼き

各地で活動を深める中で、地域教育コーディネーターが「地域の達人」となり、「地域コーディネーター」になるケースも増えている。その多くは女性だ。「地域教育コーディネーターに向いているタイプは?」の質問に、郷も小島も「しゃべっちょこき(「話好き」の新潟方言)と世話焼き」と答える。ここは女性の得意分野かもしれない。

彼女らは、地域自治に欠かせない役割を果たすようにもなってきた。篠田は「地域の達人」として活躍する女性が地域自治の表舞台に出てきた意味は大きいと言う。

地域教育コーディネーターに大きな期待をかけてはいましたが、学校という枠を超えて「地域課題の解決」にここまで頑張ってくれる方が次々と出てきてくれるとは思わなかった。その多くが女性です。一般論として、コミ協事務局長などを女性が務めてくれると、取り組みが地についたものになることが多いと感じます。もちろん、男性で素晴らしいリーダーシップを発揮してくれる人も沢山いますけど(篠田)

郷は坂井輪中学校区まちづくり協議会（コミュニティ協議会）の事務局から子ども育成部長・副会長などを務め、現在は西区自治協議会の副会長だ。小島は、「地域の達人」の典型的人物として桜が丘小の地域教育コーディネーターをやった豊嶋直美の名を挙げた。小島に次いで、２年目から教育コーディネーターになった豊嶋は、学校の枠を超えて「地域のコーディネーター」になっていく。地域の山潟コミ協の事務局を頼まれ、やがて事務局長からコミ協会長になり、２０１５年から2年間、女性で初の中央区自治協会長も務めた。

区自治協は8つの区にすべて設置されており、小学校区単位を中心に99のエリアで運営されている地域コミュニティ協議会と並んで、「分権型政令市」の地域自治を推進する重要な役割を担っている。

新潟市は大合併の時に、旧市町村ごとに合併建設計画が約束通り執行されているかを主にチェックする「地域審議会」を設置していた。政令市移行時に、区単位でのまちづくりを推進するため、この組織を区単位の自治協議会に衣替えした。合併地域では建設計画について物申す組織という役割がはっきりとしていたが、旧新潟市エリアでは「何のための組織なのか」などの声も挙がり、一定の予算枠で自治協提案事業などを考えてもらうようにした。しかし、市民からの「認知度が低い」ことが課題だった（篠田）

自治協の議論を見事に仕切る

こんな事情もあって、旧新潟市の自治協では議論がともすれば抽象的、あるいはやや散漫になりがちだった。過渡期には、作文で選考する公募委員に一部政党色の強いメンバーが組織的に手を挙げる傾向もあったようで、市議会の一般質問と同様の議論が展開されたこともあったという。自治協のカウンターパートを務める市担当者の一部には、女性会長の誕生で審議の混乱を心配する向きもあったそうだ。「特に中央区は論客が多く、ちょっと心配でした」と幹部の1人は当時を語る。しかし、それは杞憂に終わった。中央区自治協会長となった豊嶋は、事務局の市担当者に「委員の質問にすぐ対応できなければ、次回にしっかりと答えられるようにしてください」と指示し、その場で答えを求めようとする委員にも釘を刺した。「豊嶋会長の指示が明確で、議論のための議論に陥るようなことがなかった」と、市の担当は振り返る。

中央区自治協会長を2年間務めた豊嶋は、いまも桜が丘小の地域教育コーディネーターを続け、山潟コミ協の会長でもある。「地域の安心安全など、住民の生命・財産に関わるような場合は、コミ協の会長として発言しますけど、それ以外はできるだけ教育コーディネーターとして振る舞っています。そっちの方が垣根も低く、やりやすいですから」と豊嶋は微笑んだ。

女性アナウンサーの経験者

もっとも、女性が「地域の達人」として活躍するコースは、地域教育コーディネーターに限られている訳ではない。2015年には秋葉区で東村里恵子、南区で棚村真寿美が豊嶋と共に女性初の区自治協議会長に就任している。東村はFM新津で、棚村はフリーアナウンサーの経験を持つ。「2015年に女性3人が会長になり、急に華やぎましたね」と東村が言えば、棚村が「急にうるさくなった、というかね」と笑う。「アナウンサーをやっていたせいか、なんだかんだ、思ったことを言ってしまう」性格を見込まれてか大通小PTA副会長を頼まれ、そこから2200世帯以上もある大通団地でつくる大通コミ協の役員となり、会長に推された。大通地区内には12自治会があり自治連合会組織もあったが、「前任者の時に、新潟市がコミ協組織を全域で立ち上げることになり、大通では連合会を発展的に解消してコミ協に一本化しました。それで世帯数は多いんですが、まとまりは良かった」と棚村。

一方、東村がアナウンサーをやっていたFM新津は、旧新津市の3セクで合併時には微妙な状況下にあった。しかし、東村は「合併をどう考えるか」を意識的にテーマに取り上げ、さまざまな意見をラジオで紹介した。05年に旧新津市が新潟市と合併して設置された「新津地域審議会」の委員を新潟が政令市となる07年まで務めた。「新津は合併でもめ、区名でも『新津を使って』と大騒ぎとなった。でも、いろいろと議論をしたから、結果にはすっきりと従った。『秋葉区』なんて、8つの区で一番素敵な名前になった」と振り返る。08年からフリーとなり、まちづくりの活動にも積極的に関わり、14年には新津青年会議所（JC）理事長を務めた。「JCでは新潟市長選などで候補予定者に集まってもらい、討論会を主催するなど、JCでなければできない活動を経験できた。私は、子どももいなくて地域にあまり足場がなかったけれど、コミ協には関心があって特番づくりにも参加しました」

大新潟市に当初は違和感

棚村は旧白根市、東村は旧新津市時代を知っているだけに、新潟市との合併では違和感も持った。「やっぱり、白根市時代の職員はほとんど地元の方だったのが、新潟市になると地理や歴史の話から始めないと通じない職員が多い。祭りなどを進めるのにもちょっと停滞感があったし、まちづくりも8区で順番があるのかな、みたいな感じがあった」と棚村。東村は「政令市になって自治協ができたけど、当初のメンバーは議員だった方やコミ協の重鎮ばかり。申し訳ないが、『これでは動かないな』と。JC理事長になった14年に自動的に自治協委員になったので、『まず、自治協を知ってもらおう』と情報発信を心掛けた」と言う。

公募区長が雰囲気を変えた

「分権型政令市」を掲げる新潟市は、他の政令市と比べて区に大きな権限を持たせていた。「大阪都構想を進める大阪の特別区制度に比べても遜色がないレベル」と市幹部は言うが、篠田は「その権限を使いこなしたいと思う区長かどうかが問題」と考えていた。区長の役割を重視する篠田は２０１３年、これまでにない人事の仕組みを考えた。区長の公募である。その狙いについて篠田は言う。

区長は、市長と同じで、地域のことを総合的に考える必要があるし、何より地域を愛する気持ちが重要だ。普通、公務員は自ら「この仕事をやりたい」と手を挙げるのが苦手だが、大合併をした新潟では旧市町村に愛着を持つ職員もいる。公募校長のように民間の知恵の活用も考えられると思い、民間の方を含め、8区のうち4区で公募してみることにした（篠田）

その結果、北区には国家公務員、秋葉区と西区に新潟市職員、西蒲区には公立高校長が選ばれ、14年度から3年間の任期で職責を果たすことになった。自治協委員になったばかりの東村は「区長の公募、これは、すっごい大きいこと。秋葉区は新津市役所出身の適任者、熊倉淳一さんが選ばれ、本当に良かった」と受け止めた。ＪＣ理事長は１年で交替だが、東村は「別枠で自治協委員を続けてほしい」と頼まれた。「ＯＫをしたら、『自治協会長をやってほしい』と言われ、びっくりしました。でも、公募区長は以前からの知り合いだし、少しでもお役に立てれば、と引き受けました」と東村。

「地域課題の解決」をコラボで

秋葉区自治協では、「森のようちえん」を運営している子育て支援専門家や意欲的な農家さんら実践者が公募委員に手を挙げてくれ、「自治協会長は、すっごくやりやすかった」と言う。東村が会長時代に始めた「課題解決きらめきサポートプロジェクト」では自治協がコーディネーター役になって、コミ協などとコラボしながら「地域課題の解決」に取り組んだ。東村は15年度から２期４年間、自治協会長を務め、19年４月の統一地方選で秋葉区から市議会議員に立候補、当選した。東村は市議に転身した理由について、「新潟市が自分で手を挙げる公募区長制を導入し、秋葉区も公募区長になったじゃないですか。自分で手を挙げた方が秋葉区を一生懸命アピールしている、その姿を見て、私も『自分で手を挙げてみようかな』って、市議選の１年ほど前に思いだして……」と胸中を語ってくれた。

安心安全は「地域の総力戦」

公募区長の採用は「行政経験者」という枠をつけて2016年度にも行われ、北区と秋葉区が継続、江南区と南区、西区が新たに選任され、17年度に就任している。棚村が自治協会長を務める南区では、15年度から南区長に就いていた旧新津市役所出身者、渡辺稔が手を挙げ、新たに3年間の任期をスタートさせた。「渡辺さんは非常にフレンドリーでパワフル。役人には珍しい、イケイケドンドンのタイプ。アイデアも豊富だし、新しいことを取り込んでくれる人で、区長には向いていると思う」と、棚村は公募区長を歓迎していた。

自治協の会長を務めた東村も棚村も、新潟市が「協働」のまちづくりを進める上で、地域教育コーディネーターの全校配置は大きい意味があったと思っている。東村も棚村も今、地域の教育コーディネーターに誘われ、小学校で毎週読み聞かせのボランティアをやっている。「地域の中で、人と人のつながりがやっぱりすごく重要と思う。学校での子育て支援もそうですけど、今度はお年寄りのために新しい支え合いの仕組みづくりが大事になる。そんな時代を考えると、大通はコミ協に一本化しておいて良かったと思う。民生・児童委員も、老人会も、防犯協会も、交通安全協会も、みんな力を合わせて……。地域の安心安全は総力戦だと思いますから」——棚村は未来を見据えて、地域のつながりの重要性を再確認していると言う。「日本一安心な政令市」への道筋は、地域での小さな取り組みの積み重ねで見えてくるようだ。

対談

100歳になっても世界に触れる「知の再武装」

寺島実郎（日本総合研究所会長）

西暦	観光・国際交流	拠点化政策
2002		万代広場や駅舎などのデザイン・計画を決定。
2003	「万景峰号」の新潟入港中止を政府に要望。	駅南プラーカに関する15億円の市債権放棄を確定。
2004	観光循環バスの運行を開始。	
2005	ビロビジャン市と姉妹都市提携。「クロスパルにいがた」開館。	新潟みなとトンネル全線開通。「上越新幹線活性化同盟会」を設立。
2006	観光ボランティアガイドの養成講座を開講。ウルサン市と交流協定を締結。	新潟駅周辺整備事業に着手。県は45億円を新潟市に支援することを泉田知事が表明。政令市効果前倒しで、工業団地の売却進む。
2007	北京に日本の自治体単独で初の事業所を開設。これを機に、東アジアを中心としたインバウンド事業を本格化(ターゲット市場:中国・韓国・台湾・ロシア)。在新潟モンゴル名誉領事館開設。	「週刊ダイヤモンド」など、新潟政令市の特集相次ぐ。鉄道高架化事業の事業主体が県から市へ移管。北京事務所を開設。中越沖地震により、原発絡みの風評被害が直撃。
2008	新潟市・佐渡市誘客連携協定を締結。まち歩きをガイドする「新潟シティガイド」設立。	G8労働大臣会合開催。近隣6市1町と新潟港振興と地域経済の活性化に関する共同宣言。
2009	ナント市との間で姉妹都市提携。姉妹・友好都市は6都市目。	デスティネーションキャンペーンを軸に、大観光交流年と位置づけ観光活性化。現南口広場供用開始。
2010	「トキめき佐渡・にいがた観光圏協議会」を設立。中国駐新潟総領事館が開設。	APEC食料安全保障担当大臣会合を開催。新潟駅南口第二地区再開発事業完成。

2011	「にいがたアニメ・マンガフェスティバル」を初開催。以後、毎年開催。名誉市民である會津八一の縁で「奈良県と本市の歴史・文化交流に関する協定」を締結。	東日本大震災に際し、新潟市が最大の救援拠点として機能。日本海側の総合的拠点港に指定。新潟港のコンテナ取扱量が過去最大の20万TEUを記録。ロシア極東航空便が休止。
2012	東南アジア地域での観光誘客に着手。「新潟市・会津若松市観光交流宣言」を発表。	農業はもとより食品関連産業の集積地として発展する「ニューフードバレー構想」を作成。
2013	「京都市・新潟市観光・文化交流宣言」を発表。「新潟市文化・スポーツコミッション」を設立。	新潟・台湾プログラムチャーターをエバー航空が運航。
2014	新潟市・喜多方市「花でつながる観光交流宣言」を発表。	放射環状型の幹線道路ネットワーク構築へ新潟中央環状道路の国道49号から国道8号間について事業を着手。
2015	ミラノ万博へ出展。ガルベストン・ハバロフスク両市と姉妹都市提携50周年。	「まち・ひと・しごと創生総合戦略推進本部」を設置し、「人口ビジョン」「まち・ひと・しごと創生総合戦略」を策定し、「新潟暮らし創造運動」を開始。
2016	日本初のレストランバスの運行。日米大学野球選手権大会を開催。	G7農業大臣会合開催。
2017	「ONSEN・ガストロノミーウォーキングin岩室温泉」など、ガストロノミーツーリズムを推進。函館市などとクルーズ船誘致に向けた提携を開始。自治体国際交流表彰（総務大臣賞）を受賞。	新潟空港が訪日誘客支援空港（拡大支援型）に認定。新潟―台北線がチャーター運航から定期便化。新潟港のコンテナ取扱量が4年ぶりに増加。万代島多目的広場「大かま」整備に着手。
2018	フィギュアスケート・ロシア選手の平昌オリンピック直前・期間中合宿を誘致。「日本海縦断観光ルート推進協議会」設立。佐渡金銀山の世界遺産登録に向けた佐渡市・新潟市・長岡市・上越市交流宣言。	新潟高架駅第1期開業。新潟空港利用者が3年ぶりに100万人を回復。LCC定期路線ピーチが新潟―大阪（関西）線を開設。G20農業大臣会合の新潟市での開催が決定。「海フェスタにいがた」を開催。

篠田　昭　「平成」の時代が終わりました。新しく始まった「令和」というこれからの時代を展望するために、まず寺島さんから平成時代のミニ総括をお願いします。

「経済で負け続けた」平成の時代

寺島実郎　上皇が平成を振り返って、「戦争のない時代」とおっしゃった。確かに平和で安定した時代という総括もあるでしょう。一方では大災害の時代だったという総括もある。経済的に言えば、世界の企業を株価の時価総額でみた時、平成が始まった時は世界のトップ50社のうち32社を日本企業が占めていた。それが今はトヨタ1社しかいない。株価の時価総額にどんな意味があるのか、と言う人もいるかもしれないが、これは国の大プロジェクトのあり方にも影響する。例えば平成の初期に向けて本四架橋とか東京湾横断道路プロジェクトなどが取り組まれた。今はどうか。四国と九州を橋で結ぼうという話もなければ、日韓海底トンネルの話もない。

バブルのピークだった30年前はニューヨークやロンドン、香港などの世界都市に日本企業の広告があふれ、一等地を日本企業が買い漁っていた。１９８５年のプラザ合意以降、円の価値の見直しが進められ、日本の円がドーンと強くなった結果だ。それが今やトヨタの株価の時価総額が22兆円なのに対し、ＧＡＦＡ（グーグル、アップル、フェイスブック、アマゾン）の1社で１００兆円ですよ。そのＧＡＦＡを追うのは日本企業ではなく、アリババなどの中国企業だ。今や、データを支配するものが、すべてを支配するようになっている。

篠田　私の高校の後輩で、ディー・エヌ・エー代表取締役会長の南場智子さんは「平成は日本が経済で負け続けた30年だった。日本がモノ作りから脱却し、私たちがＩＴでもっと頑張らないといけなかったのに、それが叶わなかったのは経営者として悔しい」と述懐されていました。

米国から大中華圏にシフト

寺島　そうですか。南場さんは新潟ですか。ＩＴ起業者らしい見方ですね。１９８９年にベルリンの壁が崩れ、91年にソ連が崩壊して冷戦が終わった。米国のペンタゴンが軍事技術として開発したインターネットを民政転換し、90年代にインターネットが我々の前に登場してモノづくり国家の質が変わった。世界を一極支配した米国の下、ヒト・モノ・カネが自由に行き交う大競争・グローバリズム時代が始まった。それから30年、米国は世界マネジメントに失敗し、日本はその米国に運命を託してきた。しかし、日本の国際貿易の相手を見ると、米国はかつての27％台から14％台に後退し、大中華圏が13％台から30％台に伸びている。アジア・ダイナミズムの中で、世界最大の物流ルートは北米と大中華圏を結ぶ日本海を通っているが、ここでも日本は対応が遅く、乗り遅れている。新潟はちょっと前まではコンテナが伸びていたが、今は山形の酒田港や鳥取の境港の伸びが目立っている。新潟にとって、大きな問題です。

篠田　日本海物流については後ほどまとめてお伺いしますが、お話のように大中華圏、その中でも中国の伸びは目を見張るものがありました。

日本の「現場力」も低下

寺島　平成の始まる頃、中国のＧＤＰは日本の10分の1程だったものが、２０１８年は日本のおよそ3倍になった。米国とシンクロしている日本は「欧州と違い、東アジアでは冷戦構造が続いている」などと、米国を通してしか世界を見ていない。平成は確かに平和で安定した時代だったかもしれない。しかし、一定の豊かさに浸かった「ぬるま湯社会」の中で、日本は世界史のゲームからずり落ちた30年とも言える。日本はモノづくりで世界をリードしてきたが、技能五輪（国際技能競技大会）でも日本の地位が低くなった。以前はメダル獲得で日本が1位でしたが、2017年大会では9位ですよ。日本の現場力も低下している。

篠田　「ぬるま湯社会」の怖さですかね。

大都市近郊に「異次元の高齢化」

寺島　それを象徴する言葉が「イマ、ココ、ワタシ」ですね。未来のこと、世界のこと、公共のことより、私が大事というね。そして、もう1つ「微笑み鬱病」という言葉もあります。厳しい環境なのに、笑っている。超高齢社会が進行し、今年の1月段階で80歳人口がざっと1100万人、65歳以上が3500万人。100歳人口が7万人を超えた。一方で人口は2050年前後に1億人を割る。この頃、100歳以上は53万人、80歳以上は1600万人になるという、驚くべき高齢社会に日本は突っ込んでいる。これから100歳人生をどう生きるか——。私は健全な高齢社会を日本で創造するために体系的な英知を結集する必要があると考え、それを「ジェロントロジー」と呼んでいます。これは単なる「老年学」ではなく、「知の再武装」を図りつつ高齢化時代の新しい社会システムを構築する方向で、「高齢化社会工学」と訳すべきだと思っています。

篠田　寺島さんはジェロントロジーの中で、「異次元の高齢化」ということも言われています。

寺島　大都市近郊の高齢化のことです。日本が工業社会へ突き進む中、全国の若者が大都市圏に集められた。その象徴が東京を取り囲むように位置している国道16号線の沿線。多摩ニュータウンをはじめ、多くの公営住宅・マンションを建ててきた。そこに住む企業戦士たちは、地域とのつながりもなく、家には「寝に帰るだけ」だった。日本の食料自給率は２０１８年度で過去最低の37％、そのエリアは自給率ゼロ％。農業や食と切り離された、工業生産社会モデルの行き着いた姿になっている。農耕社会の高齢化と、工業社会の高齢化は別物、「異次元」なんです。自分はカネ払って、食べ物は「買う係」という社会をつくってきた。そういう人が高齢になって、「あなたは年金もらっているんだから、コンビニで弁当買って食べていればいいじゃない」とはならない。食と農は、人間の生きる本質ですから。必ずそこへ回帰していく。人間は生き物と向かい合って生きていくものなのに、国道16号沿線の地域はそれが希薄だ。戦後日本がつくり上げた結果としての高齢化がここにあり、それを私は「異次元の高齢化」と呼んでいます。

「世話されてばかりはイヤ」

篠田　新潟市はそれに比べると食料自給率63％で、食と農に身近に接する機会も確かに多い。また、地域で高齢者が果たす役割も大都市部と比べて多様です。

寺島　先日、復興庁の方と話をしていてなるほどと思った。3・11大震災で被災されたおばあちゃんが「ありがとう」と言う。それで、「いい言葉ですね、ありがとう、は」と返したら、「本当は『ありがとう』なんて、大嫌いだ。自分は一度でいいから誰かに『ありがとう』と言われることをしたいんだ」と本音を話され、ビビッときたと言うんです。

篠田　2004年の中越大地震の時、全村避難した山古志の人たちが「一番生きる力がある」という話になった。彼らは牛を飼い、錦鯉や稲を育ててきた。牛を山古志からヘリで運んで面倒を見ました。「精神が強靭なのだ」と思いました。

寺島　重大なヒントがありますね。人間、世話されてばかりじゃイヤになる。動物でも花でも、生き物と向き合い、世話をしている人は強い。「自分がいないと、生き物が死んだり枯れたりしてしまう。だから頑張る」と言うんです。「ありがとう」の話と同じなんじゃないかな。

その話に触発されて言うと、これから「異次元の高齢化」を乗り越える中で大事なのは、都市と田舎の交流です。対流と言っても良い。首都圏の団地と長野県のリンゴ農家との交流を僕はよく引き合いに出すんです。最初は単なる交流でしたけど、いまや団地の人たちがリンゴジュースやジャムまで作るようになった。そういう面で食と農があると、参画と交流のプラットフォームがつくりやすいし、新潟には既にプラットフォームが数多くある。今後は「観光立国」や「農産物輸出」などが交流・対流のテーマになる。新潟は、「異次元の高齢化」の現場である国道16号線ともしっかりと交通インフラで結ばれているし、交流のパートナーとして可能性は大きい。

篠田　確かに外環道などの整備で、東京まで行かなくとも首都圏縁辺部の地域と地方が結ばれました。交通インフラの整備は交流・対流を加速しますね。

寺島　これからリニアができれば、まさに国道16号線沿いの相模原から甲府まで10分、飯田まででも20分で行けます。定住人口を田舎で増やすことは難しくとも、移動人口、関係人口を増やして、双方が力を合わせていく。これもジェロントロジーです。成果を挙げていくには知恵と汗と行動がいる。田舎は田舎、都会は都会ではなく、物事を組み合わせて、1＋1が3にも5にもなっていくのが社会工学です。

「お呼び寄せ」は幸せか

篠田　なるほど。確かに農村部・地方と都市圏の交流は大切です。一方で、大都市圏に出た方たちが田舎にいる年老いた両親、あるいは1人暮らしになった親を都市圏に呼んでくることも耳にします。

寺島　いわゆる「お呼び寄せ」ですね。企業戦士として大都市圏で働いた方が定年になり、さらにお年を召された両親、特に高齢なお母さんを呼び寄せる。嫁さんを説得してね。これは良く考える必要がある。マンションや団地の狭いコンクリートブロックに呼び寄せられて、知り合いもなく、本当に幸せになれるでしょうか。広い空間ならともかく、狭い団地で、嫁姑の問題も出てくる。一方で田舎の方も櫛の歯が欠けるようになってしまう。

篠田　新潟では、住み慣れた地域で最後まで暮らせるよう、お年寄りの見守りや買い物支援など、安心の助け合いの仕組みをつくろうとしています。その仕組みづくりのために、例えば「ふるさと納税」が使われるようにならないか。まず、安心の見守り制度支援を「ふるさと納税」の対象メニューにしました。

寺島　すごく大事な話ですよね。おまけ欲しさの「ふるさと納税」ではなく、田舎にいる両親が安心に暮らせるための世話をしてくれる、その仕組みづくりに人間としての「ふるさと納税」をしていく。そういう風に切り替えていく制度設計は、都市部と田舎の良い関係、支え合う関係づくりの面でも非常に意味がある。

篠田　「工業生産社会モデルの行き着いた姿」というお話がありました。次の展開を考えるには、これに決着をつける必要がありますね。

マネーゲームで「複雑骨折」

寺島　農業を安楽死させる中で、自分は工業力という社会で走ってきたのだけれど、先ほどのGAFAとトヨタの比較のように、工業生産力の中では逆立ちしてもこれ以上の豊かさは望めない。例えばテレビの価格を見ても、今1台1万円を切っている。カメラは一眼レフを持っている方はプロだけで、みんなスマホです。それが現実なのに、円安にもっていけば何とかなる、まだやれるなんて。国際通貨の中で自国通貨をいかに安くしようかとしている。大きな間違いですよ。

篠田　どうしてそういう日本になってしまったのでしょうか。

寺島　産業政策の貧困だと思う。日本全体の産業感が歪んでいる。今、マネーゲームで複雑骨折が起きているが、金融緩和の中でマイナス金利にして、「額に汗して働いて貯蓄する」という日本の本質が失われた。貯金した人より、借金した人の方が有利だというのがマイナス金利ですから。日本株だって日銀や年金基金の公的資金を投入して支えている。そんな国は日本だけですよ。あらゆる面で自堕落になって、ビットコインで楽して儲けるなんて。努力もせず、創意工夫をしないで、自分のとこだけ得がくるなんて考え方が、若い層にも浸透してきた。

篠田　ここにきて「働き方改革」が言われています。

寺島　ブラック企業は論外だが、必死に働くということをしないで、易きに流れる国になったらおしまいです。話が逆になっている。

篠田　工業社会で豊かさを求める夢を追うシナリオから、次の時代に日本はどんな価値を見出そうとするのか。世界の中で高齢化のトップランナーの日本が「意義ある１００歳人生」を築いていけるのか。日本が「解」を出せれば、世界のモデルになれるはずです。

三層の「知の再武装」が必要

寺島　私は三層の「知の再武装」が必要と考えています。「一層」は当然だが18歳人口。大学生や若い人ですね。人口減少の中で若年人口も大きく減るから、大学も今のままでは対応できない。１００歳人生を生き抜ける知恵の土台をつくるこの年代でまず「知の再武装」をしないと。

篠田　「第二層」はどうですか。

寺島　「第二層」が40歳代。団塊ジュニアです。日本の可処分所得が１９９７年にピークアウトした後、この世代は右肩下がりに慣れっこになっていて資産形成が驚くほどできていない。

篠田　「就職氷河期時代」と言われる世代ですね。

寺島　この年代は、可哀想だし怖い話でもあるんですが、成功体験がほとんどない。フラストレーションがたまるからか、ＤＶや児童虐待がこの世代に多いという。国際化と言っても言葉だけで、インバウンドは急激に伸びたが、海外に行く人は横ばい。まったく海外に行かないで「日本が一番良い」などと言っている。20年前に大学を出たと言っても、今の進化する世界には通用しない。人生１００歳時代では、あと60年生きるわけだから、この年代に「知の再武装」が必要です。

篠田　そして、「第三層」が高齢者ですね。

寺島　そう。先ほどの「異次元の高齢化」対策も含めて、どういう役割を自分が果たせるか。今、地方ではお寺や神社があっても住職や神主がいなくなってきている。精神的支柱がなくなることは大きな問題です。そんな中で、生き方の覚悟や宗教ジェロントロジーという視点も重要になってくる。「老後は子どもに面倒見てもらおう」と思っている親は、団塊の世代でもいないと思うけど、さらに団塊ジュニアでは親子の位置関係が大きく変わっている。だからこそ、社会的なシステム再設計が必要になっている。

篠田　新たな社会システムの再構築を進めるエンジン役が重要です。

寺島　「知の再武装」には大学も含めていろんな組織が役割を果たしていかなければならないが、シンクタンクも重要と思う。欧米などではシンクタンクが知の基盤を築いている。

これは生涯学び続ける社会教育の一環なんです。日本でも株式会社のシンクタンクはあるが、NPO法人も含めてまだまだ足りない。

地方にこそ「知の再武装」を

篠田　寺島さんはこの春から、地方に「知の再武装」を仕掛ける連続講座『知の再武装』ライブ・ビューイング塾」を始められました。

寺島　私もこれまで、例えばテレビの地上波やBSで時代認識を深める知の体系講座をやってきました。今地方都市に行くと時代認識のギャップというか、間違った認識が広がっていると感じます。そこで朝の映画館を使って、私やゲストの話を聞いてもらう「ライブ・ビューイング」を始めることにしました。日本の経済・産業についてしっかりとした歴史観を持って、どう見るか、時代認識を深める1年間の講座です。4月から、まず新潟など全国6都市を光回線で結ぶ態勢でスタートしました。

篠田　新潟市でも地元紙と組んで「ライブ・ビューイング塾」が4月から始まりました。寺島さんの1時間ほどのお話を映画館の大画面で見て、次いでゲスト講師との対談に移る。新潟でも意欲ある経済人らが参加し、大きな刺激になっています。

寺島　価値判断の基軸を持った人間を育てるためには体系的プログラムがいる。松下幸之助さんがやってきた政治塾的な要素も入れてね。これも社会教育の一環であり、志を持った人たちのネットワークづくりでもあります。今、地方は本当に疲弊しています。「ライブ・ビューイング」方式がどこまで求心力が働くか、疑問もあるがやってみようと思います。講座なんてパソコン・インターネットでいい、と言うかもしれないが、坂本龍馬だって野越え山越え長崎まで行って世界に触れた。そんな目的意識を持った人を育てたいと思う。

「日本海物流」で大きな衝撃

篠田　映画館という共通のスペースで顔を合わせるだけで、志を持った人たちのネットワークができるし、既に新潟では大きな話題を呼んでいます。6月にあった第3回目の講座では、寺島さんが最初にお話しになった「日本海物流」の現状に触れられた。「米中貿易の総額は日米貿易の約3倍に達し、その主力物流は上海から日本海を抜けて津軽海峡を通っている。日本列島の物流軸が太平洋側から日本海側に移り、日本海側の港湾がコンテナ取扱量を大きく増やしている」とのお話でした。特に２００５年から17年の外交貿易コンテナ貨物量の伸びは「山形・酒田港が３２５％伸びて日本一だが、不思議なのは新潟。この時期に数％しか伸びていない」とのお話は参加者に衝撃を与えました。

寺島　新潟港はそれ以前に大きく外貿コンテナを伸ばし、本州日本海側で圧倒的な存在となった。しかし、２００５年から17年の間をみると、酒田港や秋田港が宮城・岩手など東北太平洋側の貨物を取り込んで大きく伸ばしてきた。新潟はこの期間も外環道や圏央道など首都圏の高速網整備を追い風にすることはできたはずだし、例えば鉄道貨物を引っ張るなど、さらに戦略的に動くことが可能だったと思う。

篠田　確かに新潟港は３・11大震災が発生した２０１１年に20万ＴＥＵ（コンテナ数量の単位）を超えましたが、震災需要を「特需」で終わらせてしまい、16年度には16万ＴＥＵを割り込んでしまいました。新潟県と県内市町村が力を合わせる態勢が築けませんでした。ようやく17年から反転攻勢への態勢が整い、18年は17万ＴＥＵ台まで回復しました。

寺島　新潟でのライブ・ビューイングが、「地域の活性化を考えるきっかけになった」ということですよね。「今後の戦略的課題が見えてきた」と捉えていただければ、ありがたい。

篠田　「ライブ・ビューイング塾」が、日本各地で「地方の知の再武装」として活用されることを期待しています。ありがとうございました。

第五章

緑の不沈空母の近未来

西暦	まちなか活性化・公共交通	環境・ごみ減量等
2002	合併地域などで「シャッター通り」が既に顕在化。第3回新潟都市圏パーソントリップ調査。	
2004		巻原発計画を東北電力が撤回。「ラムサール条約登録湿地関係市町村会議」を開催。
2005	万代シテイのダイエー新潟店が閉店。合併建設計画がスタート。まちなかでは大合併効果でホテル・マンションが建設ラッシュ	事業系可燃ごみ、焼却場への搬入規制開始(半年で2割減量)。
2006		下水道事業の公営企業化。
2007	旧ダイエー新潟店がラブラ万代として再生。イトーヨーカドー新潟木戸店が閉店。オムニバスタウン事業により、基幹バスの運行やICカード「りゅーと」(2016年には16万7千枚発行)の導入、バス停上屋の整備などを実施(2013年3月まで)。	「新・新潟市ごみ減量プログラム(一般廃棄物〈ごみ〉処理基本計画)」を策定。与党「水俣病問題に関するプロジェクトチーム」会議に市長出席、早期救済求める。
2008	「新潟市中心市街地活性化基本計画」を策定。ノーマイカーデー(エコ通勤)開始。	ゴミ処理手数料収入市民還元事業開始。「新ごみ減量制度」を開始。ぽい捨て等及び路上喫煙の防止に関する条例施行。クリーンにいがた推進員制度を開始。
2009	大和新潟店が撤退表明。「新潟市まちなか再生本部」を設置。新たな交通システムについて検討調査を実施。	家庭系ごみ排出量約3割削減、リサイクル率は約8ポイント上昇。
2010	ピアBandaiが開業(2017年は87万8千人が入場)。まちなか再生本部が中間報告公表。信濃川やすらぎ堤が整備完了。「新潟市新たな交通システム導入検討委員会」を設置。	鳥屋野潟公園内に野鳥観察舎「鳥観庵」を設置。市内の希少生物や絶滅の恐れのある生物の資料をまとめた「市レッドデータブック」を作成。

2011	旧イトーヨーカドー新潟木戸店を東区役所として再生。新たな交通システム導入委員会が「BRT早期導入」との助言を市に提出。	「市町村による原子力安全対策に関する研究会」を立ち上げ。下水道処理の普及を高めるため、公設浄化槽制度の運用開始。
2012	「BRT第1期導入区間運行事業者審査委員会」を設置。「新たな交通システム導入基本方針」を公表。	「新潟市スマートエネルギー推進計画」を策定。リサイクル率が政令市第2位。
2013	ラブラ2がオープン。メディアシップ完成。新潟交通の「BRTを青山まで延伸し全市的にバス路線を再編」とした提案に対し、適格性を有するという審査結果を市長に報告。新潟交通と基本協定を締結。連節バス4台製造契約議案が市議会で可決。	「田園型環境都市」の取り組みを内閣府に提案し、環境モデル都市に選定。西区小平地区にメガソーラー発電所を誘致。消化ガス発電施設を稼動。バイオマス産業都市に選定。
2014	BRT・新バスシステムの事業説明を行う地域ミーティングなどの市民説明会を実施。運行事業協定を新潟交通と締結。	市の鳥「ハクチョウ」を制定。「おらってにいがた市民エネルギー協議会」設立。「市下水道中期ビジョン」を改訂。
2015	旧大和新潟店の再開発計画の都市計画決定。BRT・新バスシステムの開業直前の事業説明を行う市民説明会を実施。交通結節点・バス停・情報案内の整備完了。BRT第1期区間・新バスシステム運行開始。	「ごみ分別」アプリを公開。おらってにいがた市民エネルギー協議会とパートナーシップ協定を締結。「第3次市環境基本計画」を策定、8年後に目指す都市像実現に向けた指標を設定。
2016	「シニア半わり」の本格実施。NEXT21のラフォーレ原宿・新潟が閉店。	エコモビリティライフ推進運動を開始。バイオマス発電所が稼動。
2017	NEXT21に中央区役所を移転。	柏崎刈羽原発6・7号機再稼働に係る連合審査事案などに対するパブリックコメントに市として意見を提出。
2018	BRT・新バスシステムを導入後、バス利用者が3年連続で増加し、3年目で140万人増加。新潟三越が2020年3月の閉店を発表。地価調査で新潟市の地価が商業地は27年ぶり、住宅地は26年ぶりに上昇。	食品ロス削減に向けたキャンペーンを開始。下水道処理人口普及率85・3%に向上(2002年度末は65%)、下水道への接続率は90%台に到達。

ここまで新潟市がなぜ「緑の不沈空母」なのかについて、さまざまな角度から検証してきた。新潟市には農業を中心とした「大地の力」があり、人々が助け合って生きる「人の力」、そして地域を楽しみ自己実現を図る「創造の力」があることは間違いない。では、「緑の不沈空母」は将来にわたっても航行が可能なのか。ここでは近未来のポイントを16年間新潟市長を務めた当事者としてチェックしてみる。いま、世界で（特にヨーロッパでだが）まちづくりを論ずる時、外せないポイントとして「環境配慮」「創造性」「持続可能性」の3要素があるという。「創造性」は既に触れているので、この章では①持続可能なまちづくりに欠かせない公共交通としてのバス②財政の持続可能性③ごみ減量と環境モデル都市――の3点から「緑の不沈空母」の持続可能性について考えてみたい。

持続可能なバスシステム

3年目で140万人バス利用者増加

篠田市政16年で最も議論を呼び、また、ご批判をいただいたテーマはバス交通の再編＝新バスシステム・ＢＲＴの導入だろう。ご心配を掛け、ご批判を招いたことは誠に申し訳なく、導入の進め方や説明の仕方などに至らぬ点も多々あったことは反省している。しかし、新潟が持続可能なまちづくりを進めるために、バス交通の再編は必ず成し遂げなければならないテーマだった。毎年80万人ほど減り続けて、遂に年間利用者が2000万人を割り込んでしまったバス利用者は、新バスシステム・BRTの導入後、明らかに増加に転じた。2年目から「シニア半わり」を導入した効果もあって、3年目では導入前に比べ約140万人増加した。手をこまねいていれば1700万人台に転落していただろう利用者数が2100万人台を回復した。この状況を見ても、新バスシステム・BRTの導入は方向的に正しかったと確信している。

この10年、毎年4%の減少

いま、新潟県で最大のテーマは人口減少だ。毎年、県人口の1%弱が減少している状況は県民の暮らしに大きな影響を与え、県財政にも大きな影を落としている。新潟市のバス利用者の減少を、これと重ね合わせて見てみよう。新潟市のバス利用者は1990年に初めて7000万人台を割り込み、約6900万人となった。それ以降も減少が止まらず、新バスシステム・BRTを導入する前にはついに2000万人台を切る状況となった。直近の10年を見ると毎年4%程度の減少が続いていた。これは、県人口減少の4倍のスピードで利用者が減っていることになる。怖いほどの減少ぶりだ。

「従来通り」なら年80万人減少

これを放っておけば、バス交通はさらに衰弱し、より多くの地域で営業バスの利用ができなくなってしまう。新潟市のバスの問題は要約して言えば、「バス利用者が減っても、従来通り乗り換えなしのやり方を続けていくのか」、それとも「乗り換えは一部で発生するが、増便や路線新設を実現してバス利用者の増加につなげるのか」の二者択一だと思う。「従来通り」を続ければ、年間80万人前後の利用者減が続き、営業バスの衰弱が続く。そうなれば、年々膨れ上がってきた赤字路線への補助や区バス・住民バスの運行経費のさらなる増大につながり、行政の財政負担もかさむことになる。

140万人増は「不都合な真実」？

地元では「すこぶる」付きの不人気だと地元マスコミの一部は言うが、バス利用者は増えている。しかし、新バスシステム・ＢＲＴ開業後「3年で140万人増加」の事実はあまり報道されない。特に地元紙の「新潟日報」は、2018年秋の市長選の後の市長記者会見で、私が改めてこの数字を公表したのに、翌日の記事は「(選挙戦での) ＢＲＴ批判は感情的　篠田市長、会見で語る」との見出しで、「140万人増加」の記載はまったくなかった。この数字は新バスシステム・ＢＲＴを批判し続けてきた一部地元マスコミにとって「不都合な真実」になるのだろうか。

菅官房長官もびっくり

もっとも新潟市の新バスシステム・ＢＲＴ導入が大きな効果を上げていることは、国の関係機関や交通専門家の間では、かなり知られている。首相官邸でも「１４０万人もバス利用者が増えたなんて、地方では聞いたことがない」と菅官房長官からは驚かれ、「それで何で怒られているの」と質問された。石井国交大臣（当時）にもその都度、直接説明してある。基本的に新潟市のバス交通再編は、行政関係者・交通専門家の間では高く評価されているのだ。その証左の１つともなるべき表彰が２０１９年にあった。

新潟市の取り組みを表彰

日本でも数多くの交通行政関係者・事業者が参加している一般社団法人「日本モビリティ・マネジメント会議（略称ＪＣＯＭＭ）」は毎年、公共交通などの優れた取り組みを表彰している。２０１９年7月、金沢市で開かれた第14回ＪＣＯＭＭでは、新潟市の「ＢＲＴ・新バスシステムを契機とした持続可能なバス交通体系の構築」が「マネジメント賞」に選ばれ、新潟市や新潟交通などが表彰された。「マネジメント賞」は、都市や地域の交通に関連する諸問題の解決に向けて効果的に推進されている一連のモビリティ・マネジメント（ＭＭ）、について表彰するもので、新潟市の取り組みは同年度、唯一のマネジメント賞に選ばれたものだ。以下、受賞概要で表彰理由などを抜粋で紹介する。

受賞概要＝新潟市では政令市移行を機に、新潟交通（株）と協働してバス利用の促進を図ってきた。具体的にはオムニバスタウン事業により、基幹バス路線やバスＩＣカード「りゅーと」を導入した。（次いで）バス交通体系を持続させるための抜本的な取り組みとして、都心部でのＢＲＴ導入とゾーンバスシステムによる路線再編「ＢＲＴ・新バスシステム」を平成27年に導入。多種多様なＭＭ施策を計画的に連続して行っている。官民が協働・連携しＭＭを推進し、長きにわたって減少し続けてきた路線バスの利用者数は増加に転じている。

ＪＣＯＭＭ実行委員会から＝政令市移行後10年という長期に渡り継続的にＭＭに取り組み、「ＢＲＴ・新バスシステム」の運行を契機として持続可能なバス交通体系を構築してバス利用者の増加に至る顕著な成果を達成している。

以上が新潟市の新潟市バス再編に対する評価だが、地元マスコミにとってはこれも「不都合な真実」になるのか報道されていない。冬場の天候が厳しい新潟では、バス乗り換えに対する嫌悪感・忌避感が強いのは一定理解できるが、そこだけに固執しているとバス利用者数の確保という土台が失われてしまう。ＪＣＯＭＭによれば、「交通という現象は、多くの人が関わる複雑な社会現象そのもの」と交通行政政策の難しさを規定している。公共交通政策を論ずる時は、360度全体を見渡す視野と見識が必要ではないか。

さらなる改善への好機

今後も新バスシステム・BRTの改善は当然必要だし、その大きな機会も来ている。新潟駅の連続立体交差事業が大詰めに差し掛かり、駅高架下交通広場の整備が2022年に完了し、翌23年には万代広場の供用開始が予定されている。これまでJRの線路で南北に分断されていた市街地が面的に結ばれることになる。特にバスは新潟駅下に交通広場ができることから、乗り換えなしで東大通と弁天線をつなぐことができる。現在のBRT路線を駅南の弁天線に延伸し、集客力の高いビッグスワンやエコスタジアム、そして市民病院にまでつないでいくことも可能だし、駅南の笹出線に回して環状線をつくることもできる。その時をにらんで建設的な議論を深めてほしい。バス利用者の回復で元気になった新潟交通からも意欲的な提案を期待したい。

県内はバスの撤退続く

2019年夏、新潟交通グループの「新潟交通観光バス」が新潟県阿賀町で運行している路線バス13系統について、「維持できるのは1年程度で、その後、最悪の場合は全廃」との記事が新潟日報に掲載された。「県内　路線縮小、撤退続く」との関連記事も載っていた。この記事を見ながら、私は「やはり、新バスシステム・ＢＲＴを導入しておいて良かった」と改めて思った。２０１５年秋の導入条件として、「新潟交通は5年間、新潟市内の営業バス路線走行キロ数を維持する」こととしており、基本的に廃止路線はない。それどころか、大きく利用者を伸ばして次の展開を議論できる土台ができた。この機を逃さずさらなる改善を図れば、新潟のバスは間違いなく「持続可能」にできる（これまでの流れ・経緯について知りたい方のために、新潟市の取り組みや報道などの問題点を以下に整理してみた。関心のある方はお読みいただきたい）。

交通の再生で街が目覚める　新バスシステム・ＢＲＴ

公共交通は誰が担うのか

地域の公共交通を誰が担い、誰が責任を持っていくのか？　これは難しいテーマだ。ヨーロッパの多くの国は「国や自治体が役割を担い、責任を持つ」と答えるだろう。日本では「交通事業者」との答えが多く返ってくるのではないか。もちろん、3大都市圏などでは都府県や政令市など自治体が公共交通事業者となっている例もあるから、自治体と交通事業者が重なっている地域もある。

ただ、日本の多くの地域では鉄道や地下鉄、モノレール、バスなどの公共交通は民間事業者が担っているケースが多い。戦後の日本にモータリゼーションの波が大きく寄せてくるのは1970年代からで、それ以前は公共交通が大きな役割を果たしてきた。道路も未整備エリアが多くマイカーの活躍は限定的だったし、人口が急激に増えていく中でバス事業などは企業にとっても十分にやりがいのある部門だった。しかし、その時代は長くは続かない。80年代以降は急速なマイカー時代の進行に加え、地方の過疎化も進み、各地で公共交通利用者の減少が顕在化してくる。

バス利用者が大幅に減少

新潟市でも80年代には7000万人台を大きく超えていたバス利用者が90年に約6900万人にまで落ち込んだ。その後も利用者減の動きは止まらず2010年には2400万人にまでダウン。20年間で3分の1近くにまで減少するという厳しい数字だ。さすがに近年は減少傾向がやや小幅になったが10年間で40%程度減少していた。バス利用者の減少により、バスは路線・区間廃止や減便の動きも加速する。2001年から2010年の10年間で約20%運行便数が減り、31路線が廃止されて営業バス路線の空白エリアが拡大する——まさに「悪循環」に陥っていた。

オムニバスタウン事業を導入

こんな状況の中2007年、新潟市は国から「オムニバスタウン事業」の指定を受け、国、新潟市、交通事業者（新潟交通）が3分の1ずつ事業費を出し合い、バス運行環境の改善に乗り出した。超低床バスの導入促進やバス停の環境改善、ICカード「りゅーと」の導入、さらに「りゅーとリンク」をまちなかに走らせた。この結果、りゅーとリンクではバス利用者の減少に歯止めが掛かり、ICカードの活用など次につながる土台づくりはできたが、全市のバス利用者の減少傾向までは止められなかった。「このやり方では限界がある」――そう判断せざるを得なかった。

「公設民営」でBRT導入へ

大いなる「悪循環」を止めるため、考えた手だてが「公設民営方式」の基幹バス・BRTの導入だった。これは公である行政（国と新潟市）がバス車両や走行環境の整備を担当し（公設）、バス会社が利用者増につながるようバス路線を見直して運行に当たる（民営）方式だ。日本ではバス交通を市営でやっているところもあるが、新潟市では歴史・経験・ノウハウがない上に多額の立ち上げ投資の必要な市営バスは考えられず、国と組む「公設民営方式」の一翼を担うことで、県庁所在都市で最低レベルのバス交通再生を図ることにした。この方向は間違っていないと今も確信している。新潟市は専門家らで「新潟市新たな交通システム導入検討委」を組織し、２０１２年に基本方針を打ち出した。それは、利用者の多い新潟駅─柾谷《まさや》小路─新潟市役所─白山駅を第１期のＢＲＴ区間として、公共が輸送力の大きい連節バスなどの購入やバス停・走行空間の整備に当たり、民間事業者となるバス会社については新市で唯一営業路線バスを運行している新潟交通を第１提案者とする、といった内容だ。

新潟交通から乗継・乗換方式の提案

新潟交通ではこれを受けてかなり大胆な提案を行った。新潟駅から白山駅までだったＢＲＴ区間を青山まで延伸すると共に、バス路線の一部について、いくつかのバス結節点（乗継地点）で乗換方式にする内容だった。既存のバス路線は、郊外から新潟駅や柾谷小路などまで、１台のバスが長い距離を走行する方式だ。１回の走行距離が長いため、乗客が少ない区間が長くて非効率な上、柾谷小路などではラッシュ時にバスが連なり、定時性や速達性に問題が出ていた。新提案では一部の路線で乗り換えが必要となるが、まちなかのバスを集約することで生まれる余力を郊外路線の増便に振り向けることができる。当初、連節バスを８台導入する試算では平日で５３９本の増便と３路線の新設が可能とされていた（実際には連節バス４台でスタートし、約４５０本の増便と３路線を新設した）。

新バスシステムの新たなステージに

新潟交通の提案は当初のＢＲＴ導入とかなり性格の違うものだった。専門家らの検討委での意見は「ＢＲＴ区間の延伸に同意」でまとまった。新潟市としても内部協議の上、「持続可能なバスシステムを構築するには、この提案を早期にスタートさせる必要がある」と集約した。ただ、私としては、単なるＢＲＴ導入と性格が違うことを市民にお伝えするため「新バスシステム」という言葉を付け加えることを指示した。いま振り返れば、この時に「ＢＲＴ導入と次元の違う新バスシステム」について、いったん議論のテーブルを代えるなど、さらに強いメッセージを出すことが必要だったかもしれない。しかし、公設民営で新バスシステム・ＢＲＴを導入すれば、当初の「ＢＲＴでまちなかの利便性を高める」目的より、さらに大きな目標となる「区バス・住民バスを含めた新潟市のバス交通を持続可能にする」ことが達成される。そのことに私の目が向いてしまったことも事実だ。

バス営業走行キロ数を5年間維持

２０１３年４月８日、新潟市は新潟交通と新バスシステム・ＢＲＴに関する「運行基本協定」を締結した。市と新潟交通はこの時から1年かけて「運行事業協定」を締結する作業に入った。この協定では、どの路線を何本増便するかなどを確定するものだった。これまで毎年減り続けてきた営業バス路線の走行キロ数についても協定の第一期期間である２

019年度まで5年間、営業バス運行キロ数を維持する形で確定させる、全国でも革新的な取り組みだった。

360度から点検する視点を

新潟市は、本格的に新システム・BRTの導入に向けて走り出し始めた。構想段階より、さらに具体的な計画を示すことができるようになったのだが、この頃から新バスシステム・BRTへの一面的批判が地元マスコミなどから高まってくる。もちろん、乗り換えの不便などについては指摘される必要があるし、事業費が適正か、などの吟味も欠かせない。しかし、一方ではこれまでの著しいバス利用者の減少や、全国各地で始まっているバス事業の縮小など、バス運行環境の厳しさも伝えられてしかるべきだ。また、長い距離を1台のバスが走ることにより失われた「定時性」を「短い距離の路線を組み合わせる」ことにより改善する効果や、新規路線の運行により新たな利用者を掘り起こす狙いなども情報として重要なのではないか。

バスなど公共交通の大きな見直し・変更については360度から点検する視点が欠かせない。しかし、新潟では「新バスシステム・BRTを導入しない場合、新潟のバスは将来どうなるのか」との観点や、本来留意すべき狙いや改善効果などの指摘はほとんどなく、批判的意見だけが大きく取り上げられた。

連立事業の遅れは大きな誤算

「説明不足」とか、「拙速」「時期尚早」との批判もいただいた。私たちにも誤算があり、反省点もある。最大の誤算は新潟駅の連続立体交差（連立）事業の完成時期が大幅に遅れたことだ。当初は「連立事業は、ほぼ10年で完成」とされていたものが、小泉政権から始まった公共事業の削減の流れや、自公、民主両政権での首相の相次ぐ辞任など、政治の不安定化の影響をまともに受けた。２００６年から始まった新潟駅周辺の連立事業は当初、２０１７年頃の概成が見込まれていたが、「５、６年遅れになる」との連絡が関係者からあった。

連立事業が進めば、新潟駅に駅高架下交通広場が整備され、ＪＲとバスの連絡が容易になる上、南北の市街地が乗り換えなしでバスが運行される。これに合わせてＢＲＴ新バスシステムを運用し、バス交通の魅力を最大限に高めることを狙っていたが、タイミングが合わなくなった。「連立事業の遅れに合わせ、バスの再編も遅らせたら」との意見も一部にあったが、新潟のバス利用者減少のスピードはそれを許すレベルではなかった。「バスの改革が一日遅れれば、それだけ利用者が減り、交通事業者の体力が失われる」ことになる。私たちは、まず新バスシステム・ＢＲＴをスタートさせてバス利用者減に歯止めを掛け、新潟駅の高架下交通広場が完成する段階で大幅改善を行うことに計画を変更した。

バラ色の夢を強調し過ぎた？

その結果、新バスシステム・ＢＲＴは２０１５年９月に開業した。開業直後に料金精算システムのトラブルなどで大きなご迷惑をお掛けした。「もっと入念に準備すべきだった」とのご批判はもっともな点もある。ただ、あの時の新潟交通の対応から見て、時間を掛ければスムーズにスタートできた、とは思えない。「バスを再編する飛び幅が大きすぎた」との指摘もある。これは今考えるともっともな点もある。新バスシステム・ＢＲＴへの批判が高まる中、「郊外線の大幅増便」というバラ色の夢を強調することに目が向きすぎたかもしれない。バスの再編・改革は「苦渋の決断」であり、「ほかに新潟市のバスを持続可能にする道はない」ことをもっと率直に訴えるべきだったかも、とも思う。

ただ、それなりの説明責任は果たしてきたと思っている。要は、どう新潟のバスを持続可能にし、新潟を「歩いて楽しく、自転車や公共交通で便利に移動できるまち」にしていけるのか――みんなでバスの将来を３６０度見回して、前進していく道筋をつけるきっかけにしてほしい。

地元マスコミも新たな視点

２０１８年秋の新潟市長選挙が終わり、私が新潟市長を退任した後、地元マスコミにも少し変化が感じられる。地元紙である新潟日報が2019年2月上旬から掲載した特集・連載記事には「360度の視野で考えよう」との姿勢が若干感じられた。この記事を基に、これからの方向性や改善策について考えてみたい。私も十数年ぶりに新聞社のデスクに戻った気持ちになって、特集・連載記事について点検してみる。デスクとして重要な視点、特に多くの関係者がいる公共交通を論じる時は①全体像が見渡せる報道になっているか②記事の組み立てが論理的になっているか③データなどに非科学的な部分がないか——について留意する必要がある。

新聞記事の特集・連載を点検

まずは2月6日付けの特集である。「BRT　改善なるか」「市と新潟交通　協議スタート」とのカット見出しがついている。前文は「BRT（バス高速輸送システム）の『改善』に向け、新潟市と新潟交通が協議をスタートさせた。篠田昭前市長が推進し、成果を強調し続けてきた大プロジェクトだが、昨年10月の市長選などを通じ、開業3年を超えても市民に受け入れられていないことが顕在化している。構想と市民感情の間に、これほどの乖離がなぜ生まれたのか——。中原八一市長の下で修復へと動き出した今、『新潟版BRT』の歩みを振り返るとともに、問題点や課題と整理する」とある。

「持続可能なバス交通」に焦点

特集は4つのパートに分かれていて、まず「構想と現実そぐわず――『持続可能』だけが論点に」との本記がある。ここでは新バスシステム・BRT導入の狙いが「現在は、『持続可能な公共交通の実現』としているが（略）、篠田前市長が語る導入の『目的』『効果』は拡散を続け、『その場しのぎの言い訳に聞こえた』との指摘もある」と書かれ、新バスシステム・BRT導入の目的が「持続可能なバス交通の土台構築」に変質しているかのように書かれている。

前述したようにBRTだけなら「まちなかの利便性向上」の目的は果たせても、バス交通を持続可能にする目標は達成できない。しかし、新潟交通からの提案は、一部のバス路線についていくつかのバス結節点（乗継地点）で乗換方式を導入する代わりに、郊外線を増便するという内容だった。ここからテーマは「BRTの導入」から「新バスシステム・BRTの導入」へとステージが替わったのだ。このことにより、単なる「まちなかの利便性向上」だけでなく、郊外路線を含めた増便が可能になった。協定期間（5年間）は営業バスの走行キロ数を確保できるようになり、営業バス路線の空白エリアがこれ以上拡大することを防げるようにもなった。目的や目標が矮小化されたのなら、非難されるのもやむを得ない。しかし、より困難で、より大きな目標が「バス交通を持続可能にすること」ではないか。それを「その場しのぎ」などと論ずることは論理的だろうか。そして今、新バスシステム・BRTの導入3年目で、バス利用者は約140万人増加し、「バス交通を持続可能にする」目標は達成されつつある。

「導入しなかったら」の視点

特集はこのほか、「乗り換え負担軽減」のパートでは「利用環境の整備は必要」との指摘があり、「直通便の増加問題」のパートは「直通便をさらに増加させると郊外線増便の効果薄れる」とのジレンマが記載されている。いずれももっともな指摘だ。

4つ目のパートに私は注目した。「導入しなかったら——新潟交通の見方」として、「減便・廃止の流れ続く」との見出しを立てている。これまで新潟市が、過去の著しいバス利用者の減少を指摘しても、なかなか地元マスコミが取り上げてくれなかったテーマだ。新バスシステム・BRTを導入しなかった場合、新潟市内のバス交通がどうなっていたかを問うもので、新潟交通の見方として「路線の減便・廃止などが進む縮小均衡の流れがそのまま続いていただろう」と紹介されている。

続いて、「新潟交通のバス利用者は、1990年の約6900万人から、2010年で約2400万人と急激に減少。マイカー依存の拡大や生活環境の変化、人口減の波を背景とし、運行便数も01年の1日当たり約4000便から10年間で約3200便に減少した」

とバス交通の厳しさを指摘。「BRT導入前、新潟交通は、利用者減とサービス低下、路線の減便・廃止を繰り返す『負のスパイラル』という課題に直面していた」と記載されている。ここに問題の本質がある。「変革には抵抗があるから」と改革をためらっていたなら、「負のスパイラル」が続き、新潟のバス交通は「回復不能」な状況に陥ったのではないだろうか。

バス利用者は減少から大幅増へ

この点は非常に重要な指摘であり、「ようやく、こういう記事が出るようになったか」と正直嬉しかったのだが、「もう一歩踏み込んでほしいな」とも思った。せっかく、２０１０年までのバス利用者の減少を記事化したのなら、その後も追ってほしかった。約２４００万人にまで減ったバス利用者は、新バスシステム・ＢＲＴの導入直前にはついに２０００万人を割り込んでしまっていた。それが導入初年度で増加に転じ、3年目では導入前と比べて約１４０万人増加して２１００万人台を回復したことにも触れてほしかった。

「3年目で１４０万人増加」は全国のバス業界では驚きの現象だが、これまで地元マスコミがこの数字を記事にすることはなかった。私が市長選後の会見でこのことを紹介した時も、新潟日報の記事には「１４０万人増加」の記載はまったくなかった。

今回は特集では触れていなかったものの、連載2回目で篠田市長も昨年11月の退任会見で「シニア半わり」を導入したこともあり、「減り続けてきたバス利用者が3年目で140万人増えた」と、この数字を（おそらく）初めて紹介したが、この脈絡では「140万」という数字の価値が分からない。「2000万人を割り込んでしまったものが、約140万人増え2100万人台を回復した」というように、一覧で読ませてほしかった。分かりやすくデータを読者に提供し、科学的に考えてもらう視点が重要だ。

1時間待ちはBRTのせい？

特集の翌日から始まった4回連載「新バス交通『改善』へ——BRTの現在地」の記事でも「改善」してもらいたい部分は結構ある。例えば1回目「乗り換え」の導入部では西区青山バス停で「大野・白根線」の路線バスを待つ女性の話が出ている。JR新潟駅近くの整形外科に月1度通うためバスを利用するそうで、帰りに市中心部で買い物をするのが楽しみだそうだ。「ただ、帰宅時間帯の昼は、乗り換えの際、青山で一時間以上待つことも多い」と記事にある。乗り換えの負担を強調する記事だろう。「大野・白根線」はBRT新バスシステムの導入で乗り換えになったことは確かだ。しかし、「大野・白根線」はBRT導入後、1日90便から127便に増便されている（その後、ダイレクト便を増便したため、便数は114便に減った）。「大野・白根線」を含めて増便になった郊外線は多い。論理的には、直通便でも便数が少なければ「どこかで長時間待つ」ことになる。帰りのバス時間を頭に入れていただければ、青山での待ち時間を短縮することは十分可能だし、古町と青山の双方で買い物を楽しむこともできる。今までは長い距離を1台のバスで走る直行便にこだわり過ぎたため、路線バスの減便・廃止の流れが止められなかったのではないか。減便もつらいが、路線が廃止になったら、通院する苦労は大変なものになる。現にBRT新バスシステム導入前は10年間で31路線が廃止されている。「導入されなかったら」の視点も必要ではないだろうか。

「客足が減った」もバスのせい?

連載2回目の「まちなか」では、本町・古町など、まちなかで「客足が減った」ことがテーマだ。BRT新バスシステム導入の「初年度で古町と本町のバス停利用者は約41万5千人減少した」とある。これまでは、古町・本町が終点となる路線があり、乗り換えのため古町・本町で乗り降りする方が相当数いた。この方たちの分は減少するのは当然であろう。導入直後は連節バスへ利用が集中して、混雑緩和のため快速便を急きょ設定した。このため、連節バスは本町に停止しない時期があったことと、BRT区間の萬代橋ラインで連節バス以外も本町に停車しないとの誤解が広まったことが響き、古町・本町のバス利用者は一時前年より減少したが、1年目半ばの2016年3月から連節バスも本町で止まるようにして以降、古町・本町のバス停利用者は導入前のレベルにまで戻っている。「BR

T開業前と比べ、売り上げも3割以上減った」との談話も紹介されている。古町・本町に行く交通手段を尋ねた調査によると、「バスで行く」買い物客は全体の13％程度だったので、「売り上げ3割減」を全体傾向に当てはめることは非科学的であろう。

また、「バス利用者が増えたのはシニア半わりが原因」と、新バスシステム・BRTの効果を否定する人もいる。新バスシステム・BRTを導入したから、区バス・住民バスへの補助が膨れ上がらなくなった上、新潟交通との信頼関係も築かれ、シニア半わりの導入に踏み切れたわけで、新バスシステム・BRTとシニア半わりはセットと考えている。どちらにしてもシニアのバス利用者が大幅に増えたことは間違いない。それらの人たちは古町・本町の店には行かないのだろうか。もし行かないのであれば、それはまた別の問題点を浮き彫りにする。

導入しなかったら？　もっとひどくなった

連載の3回目は「結節点」。青山の本格整備が遅れていることがテーマだ。確かにBRT区間が白山駅から青山に延伸され、「暫定開業」なので整備の余地はまだある。BRT関連の事業費に批判が出る中でも、バス待ち環境の改善や、う回路の整備をもっと急ぐべきだったと思っている。ただ、大型店に隣接する立地は良い点が多い。このことについて、連載4回目の識者インタビューで新潟大の藤堂史明准教授は「結節点に魅力が必要」と述べている。この点では青山の優位性は大きい。

藤堂准教授のインタビューではさらに注目すべき指摘があった。「ＢＲＴが開業しなかったら新潟のバス交通はどうなっていたと思いますか」との質問に、「もっとひどくなっていた。導入前には、10年間でバスの利用者数が４割減っていた。車の運転ができない高齢者や子どものためにも、公共交通は維持しないといけない。最終的には今よりも多くの路線が赤字化し、税金を逐次投入することになっていただろう。こんな状況ではあるが、立て直しという意味でみれば、ＢＲＴはある程度成功していると思う。新潟交通にとっては非常に恩恵があった」と述べている。これも今までは地元マスコミが記事化してこなかった視点だ。

どうすればバスを維持できるか

以上、地元紙の特集と連載を下敷きに新潟市のバス交通について考えてみた。これまで何十年も続いてきたバス利用者の減少を止めない限り新潟市のバス交通に未来はないし、バスを含めた公共交通が持続可能にならない限り新潟市は持続可能なまちづくりができない――このことには共通理解がいただけただろうか。では、どうすれば良いのか。

新潟市のバス問題は前述したとおり、要約して言えば「利用者減が続いても、従来通り、乗り換えなしのやり方を続けていくのか」、それとも「乗り換えは一部で発生するが、郊外線などを増便してバス利用者の増加につなげるのか」の二者択一だ。「従来通り」を続ければ、年間80万人前後の利用者減が続き、営業バスは衰弱していく。さらに赤字路線の補助や年々膨れ上がる区バス・住民バスの運行経費がかさむことになり、行政の財政負担もかさむことになる。それ以外に「シニア半わり」枠をさらに拡大してバス利用者を増やすことも考えられるが、これもさらなる税金投入が必要になる。

バス改善へ、さらなる議論を

中原市長の下で、バス利用者のアンケートも2019年夏に行われた。そのアンケートによると新バスシステム・BRTの導入により①「バスと鉄道の接続がよくなった」事実を知っている人は21％ ②「バス待ち環境が向上した」は32％ ③「バスの本数が増えた」は37％――などと事実関係がまだまだ知られてない。新バスシステム導入の目玉の1つである「バス路線が新設された」を知っている人もやっと50％だ。新潟市として相当な情報を発信しつつ動いてきたつもりだが、事実関係の周知がBRT批判に追いついていないことを真摯に受け止める必要がある。一方、新バスシステム・BRT導入の大きな狙いの1つ、「定時性」については64％が「満足」「やや満足」と答え、効果を実感していただいている。アンケート結果も参考にして「こういう改善のやり方がある」との考えがあれば、具体的に示して議論をし、改善策を実施してほしい。それを積み重ねていけば、間違いなく新潟のバスは「持続可能」になる。

基金の枯渇から、新たな財政改革へ

財政が持続可能かどうか、これも大きなポイントだ。新潟市は篠田市政16年の終盤、各種基金が底をついて市民に大きなご心配をお掛けした。地元マスコミは「大胆な財政改革を怠って」などと枕詞のように使っているが、これは正確さを欠いた表現だと思う。新潟市は15市町村の大合併という「大手術」を契機に、大規模な行財政改革に取り組んできた。その上で新潟駅周辺整備事業（連続立体交差事業＝連立）など新しいまちづくりにも積極的に取り組んだ。政令市の土台を早期に構築するこの期間は、基金の減少はあっても、まちづくりを優先する時期と考えてもいた。主要な財政指標を見ると、税収の力を表す「財政力指数」は政令市で最低レベルだが、他の指標はそれほど悪くはない。私の最後の予算編成となった2018年度予算では、プライマリーバランスはプラスとなり、基金もわずかだが積み増しに転じた。人口減少など厳しい状況はあるが、着実にまちづくりを進めてきたこともあって新潟市の土地価格（基準地価や路線価）は新潟県の中で唯一上昇に転じている。また、保育園など子育て支援施設や特別養護老人ホームなど介護施設の整備率は政令市トップでもある。既に着手している職員の適正化や保育園・幼稚園の再編計画を着実に推進し、他に先んじている公共施設の再編を進めれば、財政を持続可能にする土台は十分にある。

大合併は「大手術」の好機

２００１年1月に黒埼町との合併を終えた新潟市は、２００２年から近隣12市町村と大合併の協議に入った。新潟地域では任意の合併協議会段階から10年間の合併建設計画期間中の財政計画を市民にお示しし、行財政改革効果について伝えてきた。この中で最も分かりやすいものが議員と特別職の減員だろう。新潟地域では３００人ほどいた議員が、合併地域では人口1万人につき1人を選ぶ定数特例方式を採用いただいたことで、まず70人台となり、次の統一地方選では50人台にまで減少した。当時、「合併をしない町宣言」で有名になった福島県矢祭町《やまつりまち》が「将来の財政に備えて」町議18人を10人に減らしたことでマスコミの喝采を浴びていたが、大合併をした新潟市の議員減少率はその比ではない。議員数の削減で合併建設計画期間の10年間では約90億円のスリム化効果となり、首長や助役ら特別職関係では約40億円の削減となった。

さらに、13市町村それぞれで一般職員が配置されているので、合併すれば職員が重複することになる。同規模他都市と比較すると５００人以上職員が多くなるため、適正化が必要となる。退職者を一部不補充の形で適正化することを財政計画にも明示した。この効果は220億円以上となる。また、当時の新潟市は毎年10億円をメドに各種事業の見直しを進めており、合併後は行政の財布が1・5倍程度に大きくなるため毎年15億円超削減することとし、10年間で約160億円のカットを盛った。巻町との法定合併協議会の段階では約166億円とした。

職員給与にも切り込み

一般職員の給与など、待遇面にも切り込んだ。当時、新潟市職員の待遇を国の国家公務員と比較するラスパイレス指数で見ると、中核市でも上位に位置していた。これを政令市の平均レベルまで下げることや、市民に理解の得られない特殊勤務手当を整理するなど給与面を改革し、10年間で約60億円（巻町との法定合併協議段階では約75億円）カットすることも明示した。これらの行財政改革・効率化によって10年間で約469億円（巻町との法定合併協議段階、議員・特別職関係を除く）を削減することを明示した上で、合併建設計画の主要な柱である「新市の一体感づくりに資する事業」（総額963億円）に取り組むことを決定した。

10年間で700億円の改革効果

しかし、当時から自治体財政は大変に厳しい状況が続いており、新市を形成する15市町村でも大半が各種基金を取り崩して切り盛りしていた。10年間の財政計画では、行財政改革・効率化を図ってもなお足りず、10年間で約208億円の財源不足が予測された。ここは各自治体が積み上げてきた基金約315億円の過半を取り崩すことで帳尻合わせをせざるを得なかった。また、政令市に移行する1年前の2006年度から懸案の新潟駅周辺整備（連立）事業が新潟県の手で始まり、政令市に移行した段階で新潟市が事業主体となることで新潟県と合意した。本体工事だけで約900億円の大事業だけに、財政はさらに厳しさを増すことが予測された。

それだけに行財政改革は合併後も着実に実施する必要があり、私たちは合併時に「新潟市行政改革プラン2005」を作成した。職員の定数適正化は09年までの5年間で624人減員に加速し、その後も14年までの5年間でさらに339人適正化を進めた。ラスパイレス指数は104台だったものを08年で98・1に低下させた。この結果、10年間の行財政改革効果は700億円を超すものとなった。これは合併建設計画の「新市の一体感づくりに資する事業」963億円や返済が有利な合併特例債849億円と比べても決して小さな数字ではない。新潟市は大合併という「大手術」をやることによって、新市のまちづくり事業を可能にしたともいえる。

2度目の地震とリーマンショック

大合併から政令市移行までは、まちづくりも順調に進んだ。まちなかはマンション・ホテルの建設ラッシュの様相を呈し、合併地域ではこれまで売れなかった工業団地の引き合いが相次いだ。例えば旧豊栄市の東港物流団地は約3割しか売れていなかったものが06年度には完売した。旧白根市の北部第二工業団地は約2割しか売れていなかったが07年で7割まで売却が進んだ。

しかし、07年4月に政令市に移行して間もなく、この動きが暗転する。中越沖地震の発生だった。04年の中越大地震に次ぐ2回目の地震であったことに加え、柏崎刈羽原発絡みの風評被害が世界的に広まり、企業立地の動きなどがぱったりと止まった。さらに翌08年にはリーマンショックによる世界経済恐慌が起きた。この影響は特に輸出型産業のウエイトが高い地域で大きく、豊田市は税収が29%以上落ち込んだ。新潟市と同様の大合併をした浜松市は6・4%税収ダウンしたことで、経済界から「税収の土台が急激に沈下したのだから、合併建設計画も全面的に見直すべき」との強い要請を受けて大幅見直しを行った。

市役所改革で大きな成果

一方、新潟市は税収ダウンが2・6%程度だったことと、中越沖地震により民活に急ブレーキが掛かっていたこともあって、大幅見直し路線は取らなかった。行財政改革を加速しながら、09年度までの合併建設・前期計画を着実に実施した。前期計画を終了する09年度末で基金残高は261億円。財政計画の基金取り崩し予測の十分内輪にあったことも、この判断を導き出す材料となった。

この間、情報開示とコンプライアンス（法令の積極遵守）の徹底を進め、市役所改革は着実に進んだ。日本経済新聞系のシンクタンクの「行政革新度調査」での総合評価は04年の127位から06年は34位へと躍進。08年では総合評価が政令市トップの4位となった。これが13年の「経営革新度調査」透明度評価で全国第1位に結びつくことになる。総合評価は9位だった。

後期計画実施へ事業総点検

2010年度からの合併建設・後期計画を進めるに当たり、今の時代や市民・地域ニーズに合わなくなった事業がないか、「総点検」を実施した。汚泥再生処理センターなどいくつかの事業は廃止し、アグリパーク・国際農業研究センターの整備では、農業体験のメッカとする教育ファームの視点を新たに加えるなど軌道修正を行った。基本的には、合併地域との信頼感を重視し、「できる限り誠実に遂行」の姿勢を守るものだった。新潟市は、合併地域との約束を最も忠実に実行した自治体の1つと思う。

後期計画の期間はリーマンショックからの立ち直り時期と重なった。輸出型産業が強い地域は、この時期に急激な景気回復を見せていく。これに比べ、新潟市の回復の勢いは弱かった。10年から14年までの5年間で大災害に遭った仙台市と熊本市を除く政令市の税収が平均で3・9％伸びたのに、新潟市は2・8％の回復だった。1・1ポイントの差は税収ベースで13億円に相当する厳しい数字だ。これも基金取り崩しのピッチを速める一因となった。

災害続き、職員適正化が足踏み

合併建設・後期計画がスタートした年度末の2011年に3・11大震災が発生する。新潟市はこれまで整備してきた港湾や空港、鉄道、高速道がフル活動し、日本最大の救援センターとしての役割を果たした。新潟市職員は仙台市や石巻市を中心に全力で救援・復旧に当たり、その後も相次いだ大災害で新潟市職員の出動は続いた。私も被災地首長たちから「職員を少し減らしすぎたかも……」などの声を直接聞き、「行政改革プラン2015」作成時に、「適正化はいったん立ち止まる」と判断を下した。

自公政権の積極予算に対応

合併建設計画が終了する2年ちょっと前、2012年の総選挙で自民党が圧勝し、暮れには自公政権が発足し、「地方創生」を掲げて大規模な補正予算が組まれた。新潟市は地域活性化に積極的に対応し、大幅に遅れていた新潟駅周辺整備事業などの大型プロジェクトを再始動させるけん引役を務めた。新たな財政出動が加速したこともあって、合併建設・後期計画期間中の基金取り崩しのピッチが速まっていく。後期計画が終了する14年度では過去最大の60億円となった。基金残高は財政計画の107億円を上回る162億円だったが、新潟市の税収の伸びは弱く財政体力は衰えが見えていた。その年の秋の新潟市長選は「BRT是か非か」のワンイッシュー選挙となり、私も「行財政改革」を正面に据える余裕はなかった。この影響は正直、かなり大きかった。

平時予算への軟着陸期間

篠田市政4期目では2015～16年度を、合併建設計画期間の積極型予算から「平時予算への軟着陸を図る期間」と位置付けた。これまで光が当たらなかった昭和の大合併地域のまちづくりなどを進めつつ、持続可能な財政へと転換を図った。昭和の大合併地域と平成の大合併地域との格差が広がっていたこともあり、旧内野町などいくつかの地域で新たなまちづくりを進めた。地盤沈下が続く古町・本町など中心市街地の活性化にも意を注いできた。私は元来、大きな団体や政党の支援を受けず、「しがらみがない」ことを売りにしてきた。地域からのさまざまな要望に対しても、「いくら（地域にとって必要な）部分最適でも、全体最適と矛盾するものはやれない」と身を律してきたつもりだ。しかし、16

年間新潟市長を続ける中で、「地域という、新たな『しがらみ』が生まれたのではないか」と問われれば、「それは、全くない」と言い切る自信はない。このことの是非は第三者、あるいは後世の判断・評価に委ねていきたい。

待ったなし、新たな財政目標

さらに60億円の基金を取り崩した2015年度の予算編成時、合併建設計画の着実な推進などにより市債残高が増大する中、新たに「新潟市の財政目標」を定めた。それは①臨時財政対策債を除いた（以下同じ）プライマリーバランスについては2016年度から収支均衡を図る②臨時財政対策債を除いた（以下同じ）市債残高3899億円については16年度から減少させ、22年度までに3800億円以下とする――ことを骨子としている。「そのために事業の厳正な選択や、より一層の事業見直しなど歳出削減を徹底する」旨を明記し、市民にお示しした。16年度決算ではプライマリーバランスでプラス9億円とし、市債残高を9億円減らしたが、基金はさらに46億円取り崩し、財政再建は待ったなしとなっていく。

基金は33億円にまで減少

2017年度と18年度の2年間は財政再建の本格年度だ。17年度の予算編成ではプライマリーバランスを34億円黒字にしたが、後の決算では赤字。市債残高も決算時で再び増額に転じた。基金の取り崩しは23億円となり、基金は33億円にまで減少した。実は17年度の予算編成時、副市長から「基金を取り崩さずに、予算編成をやる方法もあるのだが……」との話があった。18年度予算編成の際に実施したように、国の基準より厳しくしている公債費の市債管理基金への積立期間を伸ばして単年度負担を軽減したり、他都市より抑制している下水道施設整備のための平準化債の発行を増やしたりする方法を採用するかの打診だったようだ。私は「今年度は従来通りでいこう」と答えた。基金の枯渇を明確にして、議員も含めて財政再建への理解を広げ、全庁で財政を立て直した方が良い、と考えたからだ。しかし、17年度の予算編成時も「財政再建の必要性」を真正面から取り上げるマスコミは少なかった。一方で相次ぐ災害に「いったん立ち止まる」ことにしていた職員適正化は、3・11大震災以降も同規模政令市が削減を進めたため、その分新潟市は470人程度職員が多くなっていた。このため「行政改革プラン2015」を前倒しで見直し、適正化を再開することを決定した。

音楽祭中止で財政危機が発火

新潟市の財政問題が焦点化されたのは、18年度予算編成の当初段階で「財源不足は119億円」とお示しした後に、ある音楽祭の休止を発表してからだった。新潟市は2010

年から大型連休期間に、フランスの姉妹都市・ナント市から生まれて世界に広がった「ラ・フォル・ジュルネ」という音楽祭を開催していた。音楽祭自体は素晴らしいものだが、企画制作会社の制約が厳しく、型にはめられてなかなか新潟の文化創造力が発揮できない部分があった。特に、新潟市の若者たちがこの音楽祭に触発されて始めた和の文化イベント「アート・ミックス・ジャパン」にまでいろいろと注文を付けられたことには困惑した。新潟市の負担は毎年5千万円程度だったが、円安で事業効果が低下していたこともあって、「18年度は休止」と発表した。これが「財政面の問題」と捉えられ集中豪雨的報道になり、新潟市民には大変にご心配をお掛けした。

18年度予算で財政目標達成

18年度予算案づくりでは、全庁で事務事業を見直して46億円を削減。前述の公債費の積立ルールの変更や下水道施設整備のための平準化債の発行増額などで、15年度に策定した財政目標を達成することができた。具体的には①プライマリーバランスはプラス87億円②基金は2億円積み増して35億円に――というものだった。一方、行政の組織改革では18年度から部次長級組織を7つ廃止(もしくは課長級)とし、課長級組織は20程を廃止・統合(もしくは課長補佐級)とした。これまでほぼ横並びだった区役所組織の課長級組織も改革し、人口10万人未満の区は地域課と総務課を統合した。

職員適正化も再起動

同規模政令市より職員が４７０人ほど多くなった要因は、人口に比べて区役所数が多いことや、合併地域では公立保育園の割合が高かったため保育士数が多いことなどからだ。これについても、さらに踏み込んでいくことにした。区のあり方については、「当面、合併地域の区については現状のままとしてほしい」とした「区のあり方検討委員会」の報告書を尊重しながら、中央区と東区の総合区化を含めた合区について議論を深めていった。浜松市では、２０１９年４月の市長選で「区の再編」が争点になり、現在の７区を「２区か３区にする」ことを掲げた現職が勝利した。浜松の動きなどを参考に、新たな議論が新潟市でも必要になっていくが、議論の土台となるデータ面の整理は終わっていると思う。5年間で２２０人程度を適正化する行政改革プランの見直しや、保育園や幼稚園の再編計画については、篠田市政下で作成を終え、動き出している。

除雪費、空前の１０６億円

18年度の予算編成作業が詰めの段階に入った18年1月から、新潟市は海岸部を中心に平成で最大の豪雪に見舞われた。特に道路幅が狭く除雪スペースのない西区の海沿いではダンプによる「排雪作業」が求められ、これによって除雪費が急増した。２月に入っても異例の寒波が続き、さらに除雪費が膨れ上がり、ついにこれまで過去最大であった50億円の倍以上となる106億円に達した。除雪費は通常30億円程度なので、大変な財政負担が新たに発生した。国にも窮状を訴えたものの追加支援ではとても足りない。基金の取り崩しも考えたが、市民の不安の増大を避け、別の財政面のやり繰りで凌ぐことにした。新潟市の総体的な財政状況がそれほど悪くないから取れた措置だが、主要財政指標に影響は出てくる。幸い19年の冬は、平成で最も穏やかなレベルで除雪費も少なく、中原新市長は19年度当初予算編成時よりも基金を20億円積み増す措置を取った。

公共施設の再編にデータ共有

財政健全化のため、新潟市が特に注意する必要があるのが公共施設の再編だ。災害対応など整備背景に違いがある市営住宅を除くと、新潟市は人口1人当たりの公共施設面積が政令市の中で最大である。今後これをすべて維持・管理し、修繕・改築をしていくと大変大きな財政負担となり、新しいまちづくりに回すおカネが限定的になる。総務省は14年、自治体に公共施設の統廃合、長寿命化などを盛り込んだ「公共施設等総合管理計画」の作成を求めている。合併建設計画に取り組んできた新潟市は、公共施設の再編にもいち早く取り組んだ。まず、市全域の約900施設について利用実績や維持管理費・更新時期などを洗い出し、データ化を終えた。①利用者が多く維持費用が割安②利用者は多いが維持費用が割高③利用者は少ないが維持費用が安い④利用者は少ない上に維持費用が高い――と4分類し、データを地域と共有している。

今後は、サービス機能をできるだけ維持しながら、多機能化や複合化などにより施設の総数を減らしていく。しかし、公共施設の再編は、得てして「総論賛成、各論反対」になりがちだ。新潟市ではこれを防ぐため、まず小中学校の統廃合を協議している地域で、公共施設の再編計画を地域住民との協働により作成している。例えば、3小学校の統合問題を協議していた西蒲区の潟東《かたひがし》地域では、地域団体やPTA、公募委員ら30人余りで検討会を組織した。市が用意した全施設データを参考にして潟東地域の16施設の特徴を把握。将来像を重ねながら、討議を深めた。1年間の検討の結果、既存の体育館を交流拠点として増改築し、一方で16施設のうち7施設を廃止する提言を作成した。議論の途中経過は3回に分けチラシで全戸配布した。これは、4小学校を1校に統合した中央区下町地区で先行的に行われた方式をさらに進化させたものだ。今後、市内55地域すべてで、この協議方式を推進することでレールが敷かれている。

財政再建　1、2年遅れを反省

財政を持続可能にするための土台づくりは、2018年度までに築かれつつあると思っている。ただ、反省すべき点は財政再建の取り組みが1、2年遅れてしまったことだ。積極予算から平時予算への「軟着陸」という言葉が甘かったかもしれない。積極的なまちづくりから財政健全化へ舵を切ることは結構エネルギーがいる上、「財政が厳しい」とのメッセージの出し方もなかなか難しい。例えば、新潟県で1992年から2004年まで3期知事を務めた平山征夫氏は、予算編成に当たって「最後の晩餐」という言葉を何回か使った。「財政が厳しく、従来通りの予算付けができにくくなる」とのメッセージと記者時代の私は理解したが、県民にしっかりと受け止められたかは疑問だ。

平山氏の「4選不出馬」を伝える東京紙の報道では「環日本海の拠点づくり」と「地域の自立性育成」を評価したものの、「財政再建には失敗。（知事就任当時に）2169億円あった県の主要3基金は、04年度当初予算の段階で140億円に減少し……」と厳しい採点だった。私はその後の自著の中で平山県政を高く評価した。基金の減少はあったものの、朱鷺メッセの建設など、その後の新潟県活性化の種をまいたことに感謝しての気持ちだった。

財政難が新潟県に飛び火!?

平山知事が退任する直前、中越大地震が発生して財政危機は当面の話題にならなくなったが、県の財務体質はそれほど改善されてはいない。と言うより、基礎自治体である市町村の多くが平成時代に「合併という大手術」を選択し、行財政改革に取り組む中で、道府県は「大手術」を迫られることがなかった。それから15年後の2019年度予算案編成作業の中で、「新潟県財政は危機的状況」とのメッセージが示された。総合的に財務体質を見た時、新潟県は決して「良好」と言えるものでないことを専門家らは分かっていた。私にとっても「唐突感」はなかったが、新潟県民はどうだったろう。新潟県の財政問題を評価するには、同時にその間、県が何に取り組み、何を成し遂げたのか、との相対比較が必要ではないだろうか。

財政の評価は難しい。私も市財政の厳しさを伝達する際、「基金枯渇」とのメッセージに頼ったことは申し訳なく思うが、それなりの行財政改革に取り組みながら、安心政令市の土台づくりや、まちづくりのスピードアップに注力した16年間だったとも思う。この面でも評価は後世・第三者に委ねたい。

オオヒシクイが舞う田園都市のその先にある景色

「緑の不沈空母」を名乗るには「環境」への配慮が欠かせない。しかし、信濃川、阿賀野川の最下流に位置し、ゼロメートル地帯を含む低平地が広がる新潟市は、環境面では厳しい条件下にある。阿賀野川流域では第二の水俣病である「新潟水俣病」という公害が発生した悲しい歴史もある。両大河の水質改善には上中流域との連携が欠かせないし、水系の中小河川や低平地に点在する潟の水質浄化は多くの市民の協力が必要だ。新潟市のまちなかに約１７０ヘクタールの水面を広げる鳥屋野潟《とやのがた》は一時、生活雑排水の流入などで水質が悪化し、昭和50年代には「全国ワースト３」の汚れた潟になってしまった。今は下水道の普及や阿賀野川からきれいな水を入れるフラッシングで水質は大きく改善されたが、農業分野で触れたように一時は大量の農薬と化学肥料を使うコメづくりが当たり前の土地柄でもあった。

「田園交響都市」の実態

さらに、日本海側特有の冬の悪天候や、公共交通があまり整備されていないこともあって、マイカー依存度が高いことも特徴の１つだ。これは市民が移動する際に発生させる二酸化炭素の多さにつながり、県庁所在都市比較では「全国ワースト３」のありがたくないランキングもいただいている。このことがバス交通の改善に取り組んだ要因の１つでもあり、新潟市は「歩いて楽しく、自転車や公共交通で便利に移動できるまち」を目指してきた。日本海に面していることから、中国からの黄砂やＰＭ２・５の脅威にもさらされ、朝鮮半島などから流れ着くゴミにも神経を尖らせる必要がある。美しい田園や水辺が広がり、「田園環境都市」や「田園交響都市」を名乗ってきた「緑の不沈空母」は、実は人一倍、環境に気を遣わなければならない要素が多いのだ。

ごみと資源を10種13分別

２００５年の大合併に際し、さまざまなデータを把握した私たちは、新潟市の環境問題の大きさ、重さにも気づかざるを得なかった。一方では、第一章で紹介した写真家の天野尚氏のように環境の重要性を訴えてくれる人や、「新潟水辺の会」など水に親しみ環境浄化の運動の輪を広げてくれる団体も活発に活動している。より多くの市民に環境に関心を持ってもらい、環境改善の活動に加わってもらうにはどうすれば良いのか——このことに頭をひねっていた私たちは２００８年、市民に最も身近な問題である家庭ごみの減量に取り組むことにした。これまで無料で収集していた家庭ごみを有料にし、市民１人当たり１日６７１グラム出していた家庭ごみを５７０グラムまで減らす目標を立てた。この目標を実現するため、「燃やすごみ」「燃やさないごみ」「粗大ごみ」の３種類は有料の指定袋に入れてもらうなどして回収し、残る「プラスチック製容器包装」や「ペットボトル」「飲食用びん」「飲食用缶」「古紙類」「枝葉・草」「有害・危険物」の７種は資源として無料回収する制度とした。他都市でも当時あまり例がない10種13分別のご苦労を市民にお願いすることにした。

焼却施設の事業費を圧縮

分別の手間をお願いした上で有料化する訳だから、ここは丁寧な説明が必要だ。事業系のごみ減量も同時に進め、ごみの最終処分量を２割減にすることで新設するごみ焼却施設の事業費を十数億円規模で圧縮できることや、処分場の延命にもつながることなどを繰り返し説明した。有料にすることで新潟市に入る収入の半分程度をコミュニティ協議会の活動支援費や環境改善などに活用することもお示しした。市議会では一部政党の強い反対があったが、多くの議員から理解を得、08年6月からスタートすることとした。有料化に当たっては、ゴミの分別が正しく行われているかを指導・啓発いただく「クリーンにいがた推進員」を自治会などから推薦してもらい、約４０００人に地域のごみステーションに立っていただいた。

30％のごみ減量を達成

私も有料化の初日から、ごみステーションを見て回ったが、本当に多くの推進員や自治会関係者から協力をいただき、新潟の市民力のすごさに改めて気づかされた。初日に視察した中央区白山浦地区では見回りに立っていた推進員の方から「ごみ有料化の周知に隣近所を回ったら、ごみ問題にみんな理解を示してくれ、横のつながりが強まった。80歳を超す方も推進員になってくれた」と語ってくれた。

ありがたいことに、1年目では目標を大きく上回る約30％のごみ減量を達成した。このため処分場の「延命」も可能となり、15年間利用の埋立地が20年使える目処が立った。何よりありがたかったのは、市民に環境への関心が大きく育ったことだ。市民意識調査では「新潟市の施策で良くなった分野」のトップに「ごみ・環境」が挙げられ、生ごみを堆肥化して家庭菜園で活用するケースも数多く出てきた。当時は、「市民に手数をお掛けし、おカネをいただいて、行政がお褒めをいただく、こんなありがたいことはない」と、政令市の会議などで新潟の市民力を自慢させていただいたものだ。

この年には、ごみのぽい捨てや制限地区での路上喫煙に過料（行政による罰金）千円を徴収する「ぽい捨て条例」も市議会で可決され、新潟市は少しずつ「環境都市」に向けて動き出していった。

「環境モデル都市」に選定

その新潟市が2013年、国の「環境モデル都市」に選定された。環境モデル都市は、温室効果ガスの大幅削減などで高い目標を掲げて先進的な取り組みを行う都市を支援する内閣府の事業で、まず2008年に京都市など13市区町が選ばれた。新潟市は2度目の公募が行われた際に挑戦し、神戸市など6市町村と共に選ばれることになった。新潟市の提案は「田園環境都市として、都市と田園が連携し、持続可能な発展を目指す」内容で、内閣府からは「他に例がなく、先進事例としての波及効果が期待される」と評価された。

しかし、マイカー依存度の高さなど、まだまだ環境面で多くの課題を抱えているのも事実だ。そこで、私は「今の新潟市の環境が全国のモデルだということではない。新潟市の目指す低炭素型社会への計画が他の模範となることで環境モデル都市に選定されたものだ」「CO_2削減へ、市民一人一人ができることとして、マイカーに乗らずとも良い時は歩いたり公共交通を使ったり、ライフスタイルを変えるきっかけとしてほしい」と市民にお願いした。幸い、バスも持続可能な方向に進み出したので、実態としても「環境モデル都市」に近づき始めたと言えるだろう。

「潟環境研究所」を開設

「環境モデル都市」に選定された新潟市は２０１４年、新潟の水辺の大きな魅力である潟についてさまざまな角度から光を当てる「潟環境研究所」を設置した。所長には「新潟水辺の会」の代表（現在顧問）を務める新潟大名誉教授・大熊孝氏に就任いただいた。大熊さんは、新潟市に佐潟《さかた》、隣接する阿賀野市に瓢湖《ひょうこ》と、２つのラムサール条約登録湿地があることに加え、福島潟と鳥屋野潟も環境省から登録湿地の潜在候補地に選定されていることに着目。「この２つの潟が登録されると、越後平野の登録湿地は４つになり、ラムサール・カルテットを形成する。可能ならハクチョウやオオヒシクイなどの餌場となっている水田地帯を含め、越後平野全体をラムサール条約湿地に登録したい」と夢を広げている。大熊さんの構想を借りれば、新潟市は「ラムサール条約都市」となり、自然と共生する、世界の最先端都市となることも可能だ。「緑の不沈空母」の行方は洋々と開けているようだ。

終章

新潟市役所の異端児として

――16年間、私を駆り立てたもの――

西暦	働く場づくり	安心・安全
2002	新潟駅の万代広場や駅舎などのデザイン・計画をコンペ（計画提案競技）により決定。新潟駅周辺の活性化を加速。	
2003	「朱鷺メッセ」が開館。コンベンション誘致に本腰。	
2004		新潟県中越大地震発生に伴い、「新潟県広域消防相互応援協定」に基づき、292人を派遣。関新ポンプ場（排水量25・7㎥／秒）の運転開始。
2005	工業団地の売れ行き順調。「新・新潟市合併マニフェスト」に新規雇用者数の目標を明記し、後に達成。	小新ポンプ場（排水量25㎥／秒）の運転開始。
2006	「新潟国際ビジネスメッセ」開催。新潟駅周辺にコールセンターの設置相次ぐ。王子製紙が北越製紙に仕掛けた敵対的TOBに反対。	新潟市消防団女性消防団員（ひまわり隊）が発隊。
2007	航空機部品製造企業を誘致。「若年サポートステーション」が開設され、若年無業者（ニート）への支援を開始。	中越沖地震発生。救急ステーションを開所。特別高度救急隊を設置。
2008	リーマンショックによる景気悪化。「新潟市雇用危機突破・地域活性化推進本部」を設置。	岩手・宮城内陸地震発生に伴い緊急消防援助隊が出動、人員搬送活動などを実施。
2009	「新潟市・聖籠町企業立地基本計画」を策定。航空機産業の市場調査。	
2010	「ファンボロー・エアショー」に自治体として初めて単独出展。「新潟IPC財団ビジネス支援センター」をNEXT21に開設。	下山ポンプ場（排水量36・5㎥／秒）の運転開始。

2011	「NIIGATA SKY PROJECT」を立ち上げ。	福島第一原発で原子力事故が発生。福島県からの避難者を受け入れ。新潟市が東日本大震災における最大級の救援拠点として機能。新潟のミッションや可能性が顕在化し「防災・救援首都」構想を掲げる。
2013	ロシアとの農業技術協力に向けて先遣隊を派遣。	国土強靭化基本法が成立、市が地域計画づくりに着手。
2014	「JASPA共同工場」が竣工。消費税の引き上げを控え、プレミアム商品券発行の支援。	国土強靭化モデル調査第一次実施団体に選出。「国土強靭化地域計画」を策定。
2015	「戦略的複合共同工場」を整備。中小企業グループ(NSCA「ナスカ」)が入居。新潟雇用労働相談センターがNEXT21に開設。	木戸雨水貯留施設の供用開始。消防救急デジタル無線の運用を開始。
2016	新潟市が直接分譲する工業団地が完売。	「にいがた救命サポーター制度」を開始。市有の学校及び避難所の耐震化率100%を達成。火災件数が政令市移行初めて100件を切る。出火率が政令市中では3年連続最少。
2017	新潟市の正規就業率63・6%達成、政令市第3位。「JASPA共同工場」及び「戦略的複合共同工場」内の企業が国際認証プログラム(Nadcap)を取得。「新潟市企業立地プラン」を策定。新たな工業用地の確保や工場敷地の緑地率緩和。	中学校区単位の人口動向を把握した「地域カルテ」策定。特別支援教育コーディネーター配置等の拡充を実施。
2018	新たな工業用地の候補となる8地区を選定。「新潟エアロスペース株式会社」が設立。国家戦略特区の指定を受けた新潟市の特徴を活かし、AIやIoTといった先端技術を用いたさまざまな実証実験や事業創出の支援を開始。	市内に平成時代で最大の豪雪、除雪費106億円を記録。西日本豪雨災害が発生、岡山県総社市の避難所運営支援などに約1700人を派遣、ごみ収集運搬業務のため岡山県倉敷市に職員派遣。

「民間から市長を」の声に応じた最初の市長選

ここまで、「緑の不沈空母」たる新潟市のさまざまな取り組みを切り取って紹介してきた。最後に篠田市政16年の歩みを早足で振り返り、全体像を浮かび上がらせたい。

地元紙記者からの転身

地元紙記者を30年務めてきた私が、なぜ２００２年11月の新潟市長選に立候補したのか。当時の新潟市政の最大課題は「平成の大合併」だった。この大合併とどんなスタンスで向き合うか。そして、新潟市の場合、大合併の先に「本州日本海側初の政令市」を樹立するという、さらなる目標があった。大合併をどう実現し、どんな政令市をつくるのかが問われていた。そんな市長選に、地元紙である新潟日報社の論説・編集委員だった私は、思いもよらず立候補することになった。

なぜ、新潟市長に手を挙げたのか――それをはっきりと説明することは今も難しい……。私を駆り立てた第一のものは、助役が市長になることを繰り返してきた新潟市長選びへの疑問だった。当時の新潟市役所は12年にわたり助役を務めた人に権限が集中し、「お上意識が強い役所」と言われており、私も記者としてそのことを感じていた。その助役が2002年7月の段階で次の市長選に立候補することを表明された。新潟市で助役が市長に立候補するのはこれで3人連続だった。「市役所の内部人事をやっているわけじゃないのに」との友人・知人の言葉に私もうなずき、「手あかのついていない民間人が出れば、新潟市民はきっとそちらを選ぶのにね」とつぶやいてもいた。新聞記者として政治の世界を取材していたとはいえ、民間人が県庁所在都市の市長選に名乗りを上げるのは容易なことではなかった。なのに、なぜ……。

反面教師の黒埼合併

新潟市は2001年1月1日に黒埼町（人口2万6千人）との合併を成就させたばかりで、そのやり方に黒埼住民を中心に多くの疑問の声が上がっていた。平成の大合併の呼び水効果を期待したのか、新潟市は黒埼町との合併協議で「黒埼側の要求を丸呑みした」(当時の新潟市幹部職員)。その結果、合併建設計画事業が人口規模に比べて過剰に多額になった上、町長ら特別職は2年ほど参与などの肩書で特別待遇され、黒埼町議員はすべて新潟市議となった。「黒埼は町長ら特別職と議員のために合併させられたのではないか」――そんな不満を記者時代の私は黒埼住民からよく聞かされた。

旧黒埼町役場に代わって設置された黒埼支所に与えられた権限は限定的で、「何でも本庁（新潟市役所）にお伺いだ」との批判も強いものがあった。驚いたのは、「新潟市と合併したら火事が消せなくなった。市の消防局を経由するため出動が遅くなった」との訴えだった。これは合併後、たまたま黒埼地区で未明の火事が続き、延焼が防げなかった事例が続いたことが原因だった。本来、新潟市との合併で消防力は強化され、先発の黒埼地区消防に加え、数多くの消防車が旧新潟市の隣接地区から駆けつけていたのに、住民の受け取り方は違っていた。私は「噂を軽視し、事実をしっかりと黒埼住民に伝えていない新潟市役所の姿勢にも問題がある」と受け止めた。合併をマイナスのこととして捉えたがる合併地域の心情をもっと理解して、今度の大合併が市民のためのものであることを明らかにしないと大変なことになる。そう痛感していた。

大きかった合併地域の懸念

新潟市の大合併は、母都市・新潟市に合併地域が加わる編入合併方式で、編入合併には通常、合併される市町村側に大きな不安が生じる。「合併したら、私たちの声が市役所に届かなくなるのではないか」「中心部ばかり栄え、私たちのような周辺部は寂れていくのではないか」――などの心配・懸念が生じるのはごく自然なことだ。しかし、助役陣営からは、それらの不安に答える方向性が示されないまま、着々と選挙の陣形が整えられていった。自民・公明・連合新潟をはじめ、多くの政党・団体の支援や推薦が取り付けられていった。助役側の布陣が万全になっていくほど、「このままで良いのか」という思いで私の気持ちは揺れに揺れ、自らの気持ちが制御できなくなった瞬間があった。「新潟市民の意地を示してみるか」との気持ちが、いつの間にか周辺に伝わっていき、引くに引けなくなった。9月初旬に新潟日報社を退社、新潟市長選への立候補を正式に表明した。

支持された「合併を市民のために」

市長選に向けて、メインの訴えはシンプルだった。「大合併を市民のためのものにする。それには市役所改革が欠かせない」。もう少し言えば「お上意識ではなく、市民目線に立って市民・地域としっかりキャッチボールができるよう、職員の意識改革が何より重要だ」ということだ。主要な相手候補である元助役が「上から目線の新潟市役所の象徴」として捉えられていたこともあって、この訴えは浸透した。特定の政党・団体の支援を受けず、市民ボランティアらがそれぞれの役割を果たす「持ち寄り選挙」「市民派選挙」が大きな力を発揮しやすい構図となったことも私たちには幸いした。7万5千票近くを獲得、元助役陣営に5千票余りの差をつけて当選させていただいた。

困難を極めた市役所改革

新潟市役所の常識は世間の非常識

当選後、私は市長選での訴えを踏まえ、市役所職員に「パブリックサーバント」としての意識改革を求めた。しかし、市職員、特に幹部職員の反発は強いものがあった。記者時代、「現職や助役ら執行部体制派と闘った候補者は、当選後、敵陣の中にただ1人、落下傘で降下するようなものだ。周りは敵だらけ」との言葉を首長経験者らから聞いてはいたものの、想像以上の状況だった。しかし、優位な要素というか、状況もあった。1つは無理な選挙公約をしていなかったことだ。「民間人を助役に」とか、「女性助役の誕生」など、助役などの特別職人事や目玉政策で尖ったものを掲げていると、市議会などで反対陣営がそれを格好の標的にすることはよくあるケースだ。

選挙の後、新潟市政を無用の漂流に陥らせないためには「助役人事が一番肝心」と考えていた。「今の新潟市役所で、最も求心力のある方に助役になってもらう」と思い定め、当時の教育長に候補を絞ってお願いした。もちろん、元助役派なので、何回か断られた。最後は市長選の相手候補だった元助役の力を借りた。元助役は「新潟市を混乱させないために協力する」と応じてくださり、教育長にアドバイスしてくれた。今も感謝にたえない。

助役人事はうまくいったが、役所の組織風土はそう簡単に変わるものではない。2002年の12月議会では、「市役所改革」など選挙戦での私の訴えを全く無視した議会答弁案を平気で持ってきたり、「パブリックサーバント」どころか市民を逆に見下すような言動が繰り返されたりもした。私も時には切れて「新潟市役所の常識は世間の非常識だ」と語気を荒げてみせたり、民間出身である自らを「新潟市役所内の最初の異議申立人であり、最大の異分子であり続ける」と宣言したりもした。市役所組織への同化を拒むこの種の発言には、多くの幹部職員が心底驚いたようだった。いま考えれば、それだけ既存の組織文化に染まり、組織風土に依存していたのだと思う。

改革を待っていた若手職員たち

このような状況下で、市職員の意識を変える取り組みとして印象に残っているものがある。多世代の居場所「実家の茶の間」や子育て支援施設など、ボランティアとして活動する市民たちの現場を幹部職員に視察させ、意見交換する部長研修だ。当時の特別職らから「そんな研修をやれば、ボランティアたちからさまざまな陳情が出てきて収拾がつかなくなる」と言われたが、やってみたら要望などは一切出なかった。嬉々として活動している姿を見て、役所に閉じこもっていた幹部は大変に驚いたようだった。若手とは昼食を共にして肩肘張らずに語り合う「ランチチャット」の印象が強い。改革を待っていた若手も多いことを感じた。

官製談合で状況一変

そうは言っても、内部からの改革は正直、難しかった。この局面を劇的に変えたのは、皮肉にも新潟市役所での官製談合事件摘発だった。これは当時の下水道部などで市幹部職員が工事入札契約の予定価格を関係企業に漏えいしていたもので、公正取引委員会が2003年9月に摘発した。複数の幹部職員らが逮捕されるなどし、官製談合事件としては全国第2号の不名誉なものだった。摘発した公取委の告発文書には「新潟市役所の長年の悪弊」「積年の新潟市の病弊」などの文言が並び、私が市長就任以来、口にしていた「新潟市役所の常識は世間の非常識」との言葉を結果的に裏付けるものとなった。市民の皆さんには誠に申し訳なく、大変に残念なことだったが、官製談合の摘発で市役所改革の速度が劇的に上がったのは事実だ。

職員の意識改革ではその後、幹部職員研修の講師に三重県知事をやられた北川正恭さんや経済人、30代で三条市長になった国定勇人《くにさだいさと》市長らを呼んで、できる限り刺激的な話をしてもらった。三条市長を呼ぶ時は、「なんで小さなまちの市長の話を聞かなければならないんだ」など、反発が強かった。でも、彼は霞が関（元郵政省）にもいて、三条市の部長を務めていた時に大変な水害対策の指揮を執り、その後に首長になった方で、若くてもさまざまな経験をしていた。研修の後は「すごく良かった」と言う幹部職員が多かった。すべての問題には現場があるので「現場に強い職員」になることを求め、「地域は縦割りにはなっていない」と大組織にありがちな縦割りからの脱却をことあるごとに訴えた。

改革がもたらした透明度評価全国1位

意識改革に活用したのが「新潟市を創造都市に」という運動だった。「歴史や地形・地物を重視し、地域資源をフルに活用しながら、すべてを総合的に考えていく」との創造都市づくりの理論を新潟市に当てはめていった。「創造的な組織」とは、蛸壺に逃げ込まずに他流試合を大切にして、独り善がりに陥らず他者評価を直視する――そんな研修を積み重ねていった。すると、現場を重視する現場主義や縦割りの弊害に目覚めた市職員の方から「自らの職場を、自らが改善提案し、実践していく」動きが起き、良い取り組みを評価する「やろてば　にいがた！　改革提案・実践」運動へと発展していった。

市役所改革に本気で取り組むうち、気がつけば新潟市は日本経済新聞系のシンクタンクによる行政革新度調査の評価が大変に高くなり、区役所窓口での市民満足度調査での結果も向上していった。お陰で、行政革新度調査（後に経営革新度調査）では政令市ナンバーワンになり、２０１３年度の「透明度（情報公開度）評価」では全国1位となった。ありがたかったのは市民の方から「市の対応が良くなった」「窓口が親切になった」と言われることが増えたこと。もっとも、年に何回かは大変に申し訳ないご苦情をいただき、「まだ、こんなことをやっているのか」と残念に思うことが最後まであったのも事実だ。

住民が主役となる81万都市の誕生

政令市をつくるため身を捨てる

市役所改革を手掛けた時は、大合併の協議が佳境に入る時期と重なる。新潟は先行した黒埼町を加えると15市町村が一緒になった。これは平成の合併でも最大だ。合併協議に臨んだ基本姿勢は「合併地域の気持ちになって考える」ことだった。合併地域の首長や議員らの強い思いは、「日本海側初の政令市をつくるため、私たちは身を捨てる。その思いを汲んで、住民自治・地域自治を大切にする分権型政令市のモデルを新潟からつくってほしい」ということだった。合併建設計画の協議などでは、当然のことながら合併市町村と旧新潟市で必要性や優先順位などについて厳しいやり取りを続け、「新市の一体感に資する事業」についても大きく切り込み、黒埼合併と比べ人口当たりの事業費は大きく抑制させてもらった。しかし、底流には互いの信頼感があったと思う。首長らの時間調整のため、早朝6時台からの朝食会を重ね、意見交換を密にしたことが信頼感の土台となった。

新津の波乱越えて、81万都市が実現

協議の結果、合併地域の首長ら特別職は合併と同時に原則退職。議員は人口1万人に1人の割合で新しい議員を選ぶ定数特例で決着した。首長らは見事な進退を示してくださり、議員も自ら判断された。これが全国の合併のモデルとなったと思う。これら基本的事項は任意の合併協議会で結論を得ており、法定の合併協議会にはどの市町村もスムーズに移行すると思っていた。しかし、そう簡単ではなかった。

合併地域で最も人口の多い新津市の議会で「法定協への移行議案」が否決される波乱が起きた。この事態も湯田幸永・新津市長（当時）が辞任し、出直し選と同日に合併の是非を問う住民投票を実施するという正攻法で突破いただいた。ほぼ3分の2が湯田氏と合併を支持し、2005年3月、まず新津市など12市町村が新潟市と一緒になった。遅れて合併協議に加わった巻町も同年10月に新潟市に加わった。本州日本海側のセンターに81万都市が誕生したのだ。

「大きな区役所・小さな市役所」

新潟市の合併は、政令市になるためのものだった。合併後は旧市町村の役所・役場を支所として衣替えし、行政サービスのやり方をいったんは旧新潟市のやり方で統一した。それと同時に、大きな目標である政令市を早期に樹立し、スムーズに移行するための準備を

並行して行った。目指す方向は、地域や市民が主役となり、区役所を行政のメインステージとする「分権型政令市」だ。暮らし分野の裁量権限をできるだけ住民に近い区役所に置き、市役所は現場課題を踏まえながら政策立案能力を先行政令市並みに充実させることを目指した。合言葉は「大きな区役所・小さな市役所」だった。

区の数と、区名で協議難航

しかし、政令市の骨格を決める作業は難航した。15市町村が一緒になった大合併の上、合併地域の3市がいずれも単独で1区を形成する規模にならないので、区割りが難航することは覚悟していた。巻町が合併協議に加わるまでは人口が70万人台になることを踏まえ、「区の平均人口が10万人を割らないこと」をコンセンサスとして、「区の数は5つから7つ」を基本としていた。その後、巻が加わって人口80万超えが決まると「8区で良いのではないか」との声が一気に強まった。私は行政の効率化などから7区以内に収めたくて、西蒲と白根、あるいは新津・小須戸《こすど》と白根・西蒲の一部、などの区割り案も示したが、理解を得られる状況はつくり出せなかった。結局、8区で決着するが、その後も中之口を南区から西蒲区へ変更するなど、行政区画審議会には最後までご苦労をお掛けした。このため、南区は当初から5万人を切ることにもなった。

火中の栗を拾う住民アンケート

区名を決めるのも想像以上に大変だった。合併地域の3市が単独で1区を形成できないため、区名では当初から「旧市町村名を使わない」ことを基本としていた。「東西南北」といった方角や「中央・中」も除外することで行政区画審議会は具体議論をスタートさせた。しかし、この基本方針は地域代表や市議の方々の強い反対に遭った。結局、「東西南北」と「中央」はすべて区名として採用することにした。旧市町村名をどうするかはさらに難航した。豊栄と白根には何とか納得いただいたが、新津では「新津を入れた区名に」との要望が収まらない。同じ区となる旧小須戸町の代表は「新津と合併したわけではない。新津を入れるのは絶対に反対」と、こちらも強硬。両地区の代表に調整をお願いしたが、話し合いは決裂してしまった。

仕方がないので「火中の栗」を拾うことにした。新津地区の希望はもう分かっているので、小須戸地区に絞って「新津を区名に入れることの是非」を問う住民アンケートをやった。結果は反対が圧倒的に多数を占め、新津にあきらめてもらった。ここまでやったためか、区名を巡る軋轢は急速に収まっていった。今では区名となった「秋葉区が8区で一番良い名前だ」と言ってくれる市民が多くなり、ほっとしている。

目指す3つの政令市像

新市の姿を示す合併マニフェスト

合併地域には人口数千人規模の村もあった。いきなり81万都市だ、政令市だ、と言ってもピンとこなかったと思う。新・新潟市がどんな都市になったのか、「想像もつかない」と言う住民の声も多く聞いた。そこで、選挙はやらないマニフェストをつくった。「新・新潟市合併マニフェスト」で、そこにはまず「新・新潟市がどんな都市になったのか、基本データを例示し都市イメージを伝える」、次いで「どんな政令市を目指すのか、都市像を明らかにする」、3点目として「政令市を早期に成熟させるための主要施策、40の重点プロジェクトを工程表と共に明示する」ことにした。縦割りを排して部長たちを3班に分け、熱い議論を交わしながら目指す政令市像と、重点プロジェクトを練り上げていった。これは幹部職員にとって、創造都市の職員へ進化する格好の研修の場となり、地域自治や地域資源に詳しい専門家との協働の場ともなった。

目指す3つの都市像を明示

その議論から生まれたのが「3つの政令市像」であり、「目指す都市の理念・あり方」

だ。私たちはまず、「母都市である新潟も、合併地域も、一緒になって共に育っていく政令市を目指そう」との理念を固めた。その旗の下、第1の都市像が「世界と共に育つ日本海政令市」であり、2つ目が「大地と共に育つ田園型政令市」、3つ目を「地域と共に育つ分権型政令市」とした。新・新潟市の歴史や地形・地物、それに住民同士の絆が強い精神風土特性などを土台としたもので、新潟政令市の進む方向をしっかりと示している、普遍的なものと思う。その後の総合計画も、この時の考え方を基盤として引き継いでいる。

人々の活動が花開く「分権型政令市」

その3つの都市像については、これまで紹介した取り組みで概要を伝えてきた。いずれも「緑の不沈空母・新潟」の根幹を成すものと思う。「分権型政令市」についても着実に歩んでいったつもりだったが、思わぬところから新潟市の「分権型」の看板にクレームがついた。豊栄市長だった小川竹二氏が「浜松に比べて、新潟の分権度は低い」とさまざまな場で発言され出した。浜松市は新潟市に似ていて、政令市になるため12市町村が大合併をして80万都市を誕生させた。当時の浜松市長は、葡萄の房をイメージした「クラスター型政令市をつくる」方針を打ち出し、地元経済界からは効率性への批判が出ていた。確かに、区の予算編成権や区自治協議会の権限も新潟より大きい。私から見ると理想を追うあまり冒険的で、行政リスクも大きいように思えた。

「浜松のように、さらなる分権型を」との声が広がりかけた2007年4月、浜松が政令市に移行する時期に行われた市長選で、「クラスター型政令市」を掲げた現職が、「行政効率化の推進」を訴えた現市長の鈴木康友氏に敗れた。「やはり無理筋だった」と私は受け止めた。それ以降、新潟市は自信を持って「分権型」を基本としながら、市としての求心力アップと行政の効率化を推進する道を歩んできたつもりだ。「分権型政令市」の土台の上に、第二章で紹介した河田珪子さんらの取り組みがあり、第四章の市民活動が花を開いたのだと思っている。

大地の力を活かす「田園型政令市」

「田園型政令市」については、「せっかく政令市という大都市の仲間入りをするのに、なぜ田園などと田舎を売り物にするのか」との批判があった。旧新潟市からも、合併地域からも、結構その声は強かった。反対に三大都市圏などの政令市長からは「農業の力が強く、大地の力をアピールできる大都市。これは、いい」と羨ましがられた。私たちは「合併マニフェスト」をつくる際に市の水田面積や食料自給率を把握して、「新潟市はこれまでにないタイプの政令市にならざるをえない」ことを自覚し、「それなら、農業や大地の力を積極的に生かす、かつてない政令市になろう」との意思を固めていたので、批判にはあまり動じなかった。

大きい食品産業の力

新潟市は他の政令市に比べて、ものづくりの力が弱いと思われがちだが、第1次産業を基盤とする食品産業をはじめ製造業の力も相当に強い。ただ、輸出型の自動車関連産業などの大きな柱がなく、これが弱点だと言われていた。しかし、新潟市が政令市に移行した翌年の2008年に発生した世界経済不況・リーマンショックの際には、それが良い方向に働いた。他の大都市の輸出型産業群が軒並み大被害を受ける中で、新潟市の産業群は落ち込みが少なかった。特に景気低迷期にも強い食品産業は落ち込むどころか、亀田製菓などの米菓企業をはじめ「過去最高益」を記録する企業が相次ぎ、食品産業の力を再認識した。

ニューフードバレー構想

そのことが「ニューフードバレー構想」を推進する大きな契機となっていく。この構想は、コメ農業などの1次産業に付加価値をつける6次産業化を進めると共に、食品産業群との連携をさらに深めて新潟に新たなアグリクラスターをつくるもので、新潟市都市政策研究所が提唱した。それまでも新潟市は、食と農で世界に貢献した人や団体を表彰する「食の新潟国際賞」の制定を政令市移行時に決定し、2008年からは意欲的な農業者を支援する「がんばる農家支援事業」を制度化してきた。リーマンショックを受けて「6次産業化」や「食と農と文化の融合」に本腰を入れることにした。2009年からは田園型政令市のシンボル事業として完全米飯給食を実施。「地産地消推進の店」認定制度も開始した。

「すべての子どもたちに食育と農業体験を」との取り組みも新潟にふさわしいユニークな施策と自負している。完全米飯給食に加えて、食育と農業体験に踏み込み、新潟の大地の恵みのありがたさを子どもたちに実感してもらう狙いだ。これに合わせ、合併建設計画で旧白根市から提起されていた「国際農業研究センター構想」を、宿泊型の農業体験施設「アグリパーク」を核とした計画に切り替え、さらに6次産業化を推進する「農業活性化研究センター」と「食品加工支援センター」を併せて整備することにした。さらに、鳥屋野潟南部の市有地に「食育・花育」「子ども創造」「動物ふれあい」の3センターを建設。民間活力による直売所やレストランを加えた複合施設「いくとぴあ食花」の整備を2012年に決定した。新潟の「食と花」をアピールする「にぎわいゾーン」は2013年度以降に順次オープンし、田園型政令市・新潟の顔となっていく。

美食のまち・新潟に企業が注目

これらの取り組みは全国的にも注目され、アグリパークはケネディー米国大使（当時）

ら有名人が訪れ、いくとぴあ食花はＧ７農相会合の視察地となった。その大きな帰結が２０１４年、農業分野での「国家戦略特区」の指定だった。農業戦略特区となった新潟市で、さまざまな民間・企業とのコラボレーションが始まる。戦略特区になっての農業分野の動きは第一章に紹介したが、農業分野にとどまらず、日本の食を国内外にアピールする「ぐるなび」や電通が新潟市と包括連携協定を結び、「食文化創造都市にいがた」を発信してくれている。高速バスなどを運行するウィラーグループは、国内で初のレストランバス（2階建てバスを改造し、１階が調理室で2階が対面型のレストランになっている）の初の運行先に新潟市を選んでくれた。新潟市は食文化で人を呼ぶ「ガストロノミー・ツーリズム」の先進地を目指している。２０１９年10月～12月に本番を迎えたＪＲグループのデスティネーションキャンペーンには「日本海美食旅～ガストロノミー」がテーマに採用された。食と農と文化を融合させる新潟市の取り組みは、新潟古町の芸妓文化などと並び、インバウンドを呼ぶキラーカードになる魅力がある。

開港5港の歴史を活かす「日本海政令市」

３つ目の都市像が「日本海政令市」。新潟は日本一の大河・信濃川と、それに次ぐ水量を持つ阿賀野川という2つの母なる川に育てられた川湊だった。江戸時代は北前船の最大寄港地として賑わい、幕末に江戸幕府直轄地になったことも幸いして、安政の五カ国条約

（1858年）で開港5港の1つに選ばれた。2019年1月に開港150周年を迎えた新潟は、本州日本海側最大の拠点港だった。しかし、水深が浅くなる河口港の限界があるため、港湾管理者である新潟県が新潟市と聖籠町《せいろうまち》の境界に掘り込み港である新潟東港を建設する。東港は2019年に開港50周年を迎え、今では本州日本海側で群を抜くコンテナ取扱量を誇り、LNGの拠点基地となっている。従来からの河口港は西港として、佐渡汽船や新日本海フェリーなど主に人流の港となり、万代島にあるホテルと国際会議場、見本市展示場を持つ複合施設「朱鷺メッセ」が新たなにぎわいゾーンの核となっている。

さらなる拠点化に弾み

政令市になって、さらなる拠点性を獲得することが期待された。大合併で新潟東港を共有していた旧豊栄市とも一緒になり、港湾都市としてもより大きな飛躍のチャンスがきている。私たちは当然そう考え、都市像の1つに「日本海政令市」を掲げた。港湾機能はもとより、空港の拠点化、交通体系のさらなる整備を基盤に、拠点性をアップすることが求められていた。2005年の大合併以降、政令市効果の前倒しもあって、良い形でまちづくりが動き出した。合併地域では合併建設計画を核としたまちづくりが進み出したほか、これまであまり売れなかった工業団地に新たな企業が相次いで進出した。約3割しか売れていなかった旧豊栄市の東港物流団地は06年度で完売し、2割程度しか埋まっていなかった旧白根市の白根北部第二工業団地は07年度末までに7割が売却された。一方、まちなかではマンション、ホテルの建設が相次ぐ。これまで新潟になじみのなかったマンション建設・分譲企業が、政令市になる新潟に目をつけ出した。

地域間競争で見ると、北陸新幹線の金沢延伸が視野に入ってきた時期だ。それをにらんで上越新幹線沿線の自治体や議会、商議所などがメンバーとなる「上越新幹線活性化同盟会」を結成し、新潟市長である私が会長となった。さらに長年の懸案だったJR新潟駅の連続立体交差事業に着手することで、泉田裕彦知事と合意した。新潟が政令市になる前年の06年に新潟県が事業主体となって事業に着手し、07年からは政令市になる新潟市が事業主体を引き継ぐものの、応分の負担として新潟県は市に45億円の支援をする内容だ。2004年10月の知事選で当選して間もない泉田新知事と私の信頼関係があったからこそと感謝している。もっとも、県からの45億円はまだ支払いが終わっていないが……。

政令市になる新潟市には、最大の政令市である横浜市からもラブコールが寄せられた。2008年に日本で開催されるG8サミットを、横浜市の中田宏市長（当時）とタッグを組んで誘致に手を挙げた。横浜と新潟が開港5港に選ばれた安政の五カ国条約からちょうど150年の節目に、サミットを開港都市で開催しようという野心的な取り組みだった。これまで遠い存在だったG8サミットを、最大の政令市である横浜と組んで誘致に動けたことで大きな自信を得た。結局サミットの誘致は実らなかったものの、新潟市ではG8労働大臣会合の開催が決まった。

大災害と経済危機

中越沖地震とリーマンショック

新潟の拠点化は前途洋々と思えた時期だったが、残念ながら暗転する。新潟が政令市に移行して3か月半ほどたった7月16日、中越沖地震が起きたのだ。２００４年の中越大地震に次ぐ2度目の地震だったことに加え、柏崎刈羽原発に関わる風評被害に直撃された。あれほど人影のない夏の日本海は見たことがなかった。企業立地や新たなまちづくりに急ブレーキが掛かった上、新潟県庁のエネルギーも原発対策に吸い取られ、泉田知事も原発再稼働問題への対応に忙殺されていく。

その翌年にはリーマンショックで世界経済不況が発生し、新潟は中越沖地震とダブルパンチに見舞われる。物流面の影響が懸念されたが、２００８年はちょうど新潟港の拠点化に新潟市と聖籠町に隣接する5市とスクラムを組んだ時だった。コンテナ集荷など新潟港の活性化を目指したもので、近隣自治体が新潟港をどの程度使っているのかを探るデータ収集作業に入っていた。衝撃的だったのは長岡市の輸出出荷額のうち新潟港を使っていたのが一桁に過ぎなかったこと。大半が京浜港から輸出されていた。県内の輸出関連企業の多くが輸出については商社任せだった。長岡の森民夫市長（当時）もこの数字に驚き、「新潟港をもっと活用する運動を起こそう」と旗を振ってくれた。三条、燕なども同調していただき、長岡、三条市長らと一緒に福岡の博多港を視察。東京でフォーラムを共同開催するなど、大いに盛り上げを図った。

港湾管理者の県と不協和音

７市町の共同作業は、後で考えると、むしろマイナスに作用したようだ。港湾管理者である新潟県がこの動きを喜ばず、市町連合が港湾管理に口を出すのでは、との懸念から不快感を抱いたようだ。「政令市になった新潟市が港湾などの権限を取りに来るのでは」との疑念は県議会などにもあったように感じる。これが後の「新潟州構想」にも影響し、せっかくテーブルができた「新潟州構想検討会議」でも「拠点化」のテーマが議論されなかったのは実に残念だった。

拠点化議論のテーブル欠く

拠点化は新潟県全体に関わることなので、「新潟市だけでなく県市長会・町村会と意見交換する」との県の言い分は正論で、その通りと思う。しかし、新潟県市長会の会長を務める長岡の森市長や県町村会長の渡邊廣吉《ひろきち》・聖籠町長（いずれも当時）と、新潟県との関係は次第に悪化していき、「新潟の拠点化」をしっかりと議論する場はついにできなかった。行き着いた先が２０１６年秋の知事選だった。泉田知事の４選出馬を巡って、県市長会・町村会が「泉田県政の検証」を行い、それが引き金となって、泉田知事と市長会・町村会とのバトルの様相を呈するようになった。拠点化について骨太の議論をする場もできないまま、中越沖地震やリーマンショックからの10年近くが過ぎてしまったことは、今も残念でならない。

「文化創造都市」へ

２００９年を大観光交流年に

中越沖地震とリーマンショックからの立ち直りを図り、２００９年に全県で展開された「大観光交流年」に触れておきたい。09年は、新潟で2回目となる国体が開かれると共に、大河ドラマに新潟ゆかりの『天地人』が取り上げられ、ＪＲのデスティネーションキャンペーンが新潟を舞台に行われた。これを追い風にして、新潟全県挙げて「大観光交流年」と位置づけた。この年は県立野球場「ハードオフ・エコスタジアム新潟」が完成し、その年に日本文理高校野球部が夏の甲子園で見事に準優勝に輝いた。大観光交流年は大いに盛り上がり、新潟県の交流人口も中越大地震前にまで回復した。

二兎を追った水と土の芸術祭

新潟市はこの時に合わせ、新潟市美術館長をお願いした北川フラム氏を総合ディレクターに起用し、「水と土の芸術祭」を開催した。越後妻有《つまり》の「大地の芸術祭」を成功させた北川氏の指揮の下、芸術祭自体は初回ながらレベルが高く、美術関係者の評価も上々だったが、芸術祭の会場の1つ、新潟市美術館で「カビ・クモ問題」が発生した。その新潟市美術館は、私たちが進めた市政改革の中でエアポケットのようになっていて、「一部の学芸員が限られた市美術館ファンと結びつき、恣意的な運営を続けている」と地元の美術関係者からも問題視されていた。大きな予算を使ってきた美術品の購入も「透明性が低く、購入基準などにも多くの問題がある」などの指摘も専門家らから寄せられていた。政令市になったのを機に、「もっと市民に開かれた美術館にしていただくよう」北川氏に館長をお願いした。しかし、一部学芸員らの抵抗は激しく、市美術館改革は難航した。「学芸員が3人以上スクラムを組むと、文化施設は機能しなくなる」との話を後で専門家から聞いた。

第三者委員会で美術館改革

芸術祭のトラブルは、根をたどれば美術館改革に巻き込まれた面が大きいと思っている。

これについては「市美術館改革検証委員会」の取りまとめ役を務めた上山信一慶應大教授の話を紹介する。

「芸術祭自体は素晴らしかったのに、たまたま改革派の館長のもとでカビ・クモ問題が発生し、それへの現場の対応もうまくいかなかった。問題が起きた後、第三者委員会をつくって、まずは市美術館の現状を把握し、評価しようと、市美術館を見に行った。そうしたら、カビ・クモどころじゃない。バックヤードが汚くて、ゴミ屋敷状態なんです。それをスマホで撮って会議で公開した。すると一気に『管理体制に問題がある。一過性のカビ・クモ対策より抜本改革をしないとダメだ』となった。後任の館長を公募し、一気に古い態勢を刷新できました。現場を確認しての情報公開が大切でした」

表面的にはカビ・クモの発生が大きな問題となったが、美術館のずさんな管理・運営はそれ以前から続いており、根が深かったことが「市美術館改革検証委員会」により明らかになった。市美術館改革と芸術祭の二兎を追ったことが私の失敗だった。「大観光交流年」の09年に北川さんから芸術祭をやってもらうことを決めた時点で、美術館長を替える必要があった。しかし、当時は私も少し調子に乗っていた上、市美術館改革の難しさが十分に分かっていなかった。北川さんも後に言っておられるが、私も北川さんも割と楽天的で、脇の甘いことが大きなご迷惑を掛けることにつながった。改革検証委の専門家集団は、本当に凄く、良い仕事をしてくれた。上山さんがおっしゃるように、市美術館改革はその後、抜本的にやり遂げることができた。

しかし、カビ・クモを巡るトラブルで北川さんをその後の芸術祭に起用できなかったのは、大変に残念だった。越後妻有という信濃川中流域と、信濃川最下流の新潟市をアートでつなぎ、やがて「環日本海国際芸術祭」にしていこう、という私たちの夢は実現できなくなった。私の大きな失敗の1つだ。もっとも芸術祭の方は、北川さんに頼ることができなくなって、逆に独自色が出た。特に市民や地域が芸術祭にまさに参画する「市民プロジェクト」は、他地域の芸術祭にはない取り組みにまで進化した。地域の宝に光を当てたり、新たに創造したりする事例が多くの地域で生まれたことは今後につながる財産と思う。

奈良の仏像展に13万人

新潟市の文化創造の取り組みが、この芸術祭を機に大きく盛り上がったことも確かだ。芸術祭の翌年、2010年に新潟の誇る文人・會津八一と奈良の縁を活用した仏像展「奈良の古寺と仏像　會津八一の歌にのせて」は大きな話題となった。仏像展には、中宮寺さま（奈良県斑鳩町）のご好意で国宝「菩薩半跏像」が出展いただけることになっていたが、文化庁仏像を担当する課から「菩薩半跏像はガラスケースに入れろ」との指示が出た。中宮寺さまは「ガラスケースに入れたら、御仏さまは息ができなくなる」と反対される。最終的に、文化庁の指示を受ける必要のない「公開承認施設」で開催するしかなくなったが、新潟県には県立近代美術館と県立歴史博物館（共に長岡市）しか公開承認施設がなかった。結局、新潟市内では開催できず、長岡市の県立近代美術館で開催せざるを得なくなった。予定されていた企画展を取りやめて県立近代美術館での開催を認めてくれた泉田知事（当時）ら関係者には深く感謝している。ガラスケースなしで「菩薩半跏像」を３６０度から拝観できる展示方法も評判を呼び、長岡開催にもかかわらず13万人からご観覧いただき、大成功とさせていただいた。

市美術館のトラブルでは私も文化庁に呼び出され、厳しい意見交換も行った。逆にこれが契機となって、文化庁トップらが新潟の創造都市づくりについて関心を持ってくれたことは大変にありがたかった。これまでの日本では、文化を狭く捉え、美術品を仰ぎ見るような姿勢が目立っていたが、新潟は食文化や酒文化を含めた「暮らし文化」を重視し、地域の伝統芸能や祭りなどからマンガ・アニメに至るまで、文化を幅広く捉えようとしていた。「今日を楽しく、明日を豊かにするものが文化だ」との考え方で、新潟は文化創造を進めてきた。いま、日本の文化政策はその方向に向かっている。新たに制定された国の「文化芸術基本法」では、文化の対象として初めて「食文化」が書き込まれ、「芸術祭」も盛り込まれた。

新潟が東アジア文化都市に

新潟の文化関係者らは、少し前まで新潟を「文化果つる地」などと自嘲していたが、その方たちが驚くほど、新潟は日本を代表する「文化創造都市」となっていった。その象徴が２０１５年の「東アジア文化都市」への選定と思う。この事業は当時、急速に悪化していた日本と中国、韓国の関係を文化交流・地方交流から改善しようと２０１４年から始ったもので、最初の日本代表都市は横浜市だった。新潟市は翌15年、３回目となる「水と土の芸術祭」開催に合わせ代表都市に手を挙げ、選定された。東アジア文化都市はその後、奈良市、京都市、金沢市とバトンをつないだ。いずれも日本を代表する文化都市だ。その中でも、「新潟市が最も盛り上がった」（文化庁関係者）と評価されている。新潟には中国、韓国の総領事館が置かれ、その全面協力が大きかったと思う。東アジア文化都市を機に、春節祭やハンガウィ祭りも開催していただいた。両総領事館に深く感謝している。

新潟市の取り組みは、新潟の姉妹都市である仏ナント市など世界の創造都市に学んだものだが、日本でも地域づくり・まちづくりの流れはまさに「創造都市」の方向に向かっている。「水と土の芸術祭」が目指した、地域の歴史や伝統を掘り起こして光を当てながら、アートという新たな刺激を受けて地域の革新を果たしていくやり方は、今や世界のまちづくりの主流となっている。厳しい批判を一時的に受けた北川氏は「大地の芸術祭」に加えて「瀬戸内国際芸術祭」などを成功させ、文化功労者に選ばれるまでになった。文化庁から呼び出しを受けた「前科者」の私も2017年から1年間、全国の首長として唯一、国の文化審議会委員に選任されたことを付言しておこう。

新潟の新しいミッション

中国総領事館の誘致に成功

新潟市の拠点性を上げていく上で、世界と関わっていくことは大変に重要と思う。ナント市との交流は民間から始まったもので、大変に良い形で姉妹都市交流にまで発展した。韓国・蔚山《ウルサン》市とは韓国総領事館の紹介から交流連携都市となった。新潟の国際化の取り組みで、最近の最も大きな成果は2010年、中国総領事館の新潟誘致ではないだろうか。仙台や広島などが誘致合戦に先行している中で、中国では外務大臣より格の高い戴秉国《たいへいこく》・国務委員（当時）が新潟を訪問したことが大きかったと思う。

新潟の重要性を理解し、新潟訪問を段取ってくれたのが谷内《やち》正太郎外務次官（当時）だった。金沢生まれ、富山育ちで、新潟との縁も深い谷内さんは、新潟市での視察や月岡温泉での懇親で戴秉国氏と信頼関係を深めていくが、これが新潟市に中国総領事館が設置される大きなきっかけとなったのではないか。新潟が政令市になる07年に、日本の自治体単独では初めて北京に事務所を開設した効果もあったと自負している。ちなみに谷内さんには外務次官を退官後、新潟市の拠点化戦略アドバイザー会議の座長をお務めいただき、その後、国家安全保障局長の要職に就かれた（19年に退職）。

尖閣を巡るトラブルの渦中に

基本的に中国総領事館の開設は、日中交流の関係者はもとより、多くの市民から歓迎された。中国側は「新潟の総領事館は日中交流のシンボル的位置づけとし、従来よりも大規模なものとしたい」との立場から、新潟県と市に公有地斡旋を依頼した。いくつかの候補地のうち、中国側は旧万代小跡地を「最適」と判断。新潟市は関係住民・地域に説明会を開くことにしていた。2010年秋のことだが、まさにこの時、尖閣諸島で中国漁船が乱暴狼藉《ろうぜき》を働く事件が起きた。中国漁船の無法行為に日本の世論は沸き返り、中国への不信感が一気に高まった。新潟市にも「中国に市有地を売るとは何事だ」との抗議が殺到する事態となった。中国側との交渉を一時停止したが、世論の反発は一向に収まらない。新潟市議会が旧万代小跡地の売却を認めない請願を採択したことを受け、市としても「売却不可」の判断を下した。ちょうど、私の3選となる市長選の時期だったが、もし市有地の売却後にあの事件が起きていたら、私の3期目はなかっただろう。

3・11大震災で総領事館が活躍

その新潟の中国総領事館が思いもよらぬ大災害で大活躍することになる。2011年3月11日に発生した大震災である。断っておくと、私は「東日本大震災」という言葉を使わない。日本海側はほとんど被害を受けていないのに、「東日本」とネーミングされることで、新潟県など日本海側の県まで被害エリアに入れられることを懸念したからだ。コメなどの輸出が一部の国で禁止され、事態はまさにそうなってしまった。

それはともかく、新潟に置かれた中国総領事館の活動は目覚ましいものがあった。「被災地域の中国人は新潟空港から避難させる」との方針が固まると、王華総領事（当時）の陣頭指揮の下、中国人被災者を乗せたバスが次々と新潟市に到着。こちらの避難所準備が間に合わないほどだった。「今度は避難所がパンクする」と心配していたら、中国から大型機が驚くほどのピッチで新潟空港に到着し、中国に連れ帰っていった。3月16日からの5日間で約5千人が新潟空港から出国していったが、「何としても自国民を守る」との中国の気迫を感じた。過去のリビア危機時などの日本政府の対応を振り返ると、「ここは日本が学ばざるを得ない」と痛感せざるを得なかった。後日談になるが、「新潟は、中国人被災者の受け入れ地として中国で有名になっている」との話を中国通の知人から聞いた。新潟に総領事館を設置した価値は中国側も感じていたと思う。

直ちに仙台へ救援先遣隊を派遣

まさに国難と言える大災害だったが、3・11大震災に新潟地域が総力を挙げて救援・復旧に立ち上がったことで、日本における新潟の新たなミッション・役割が一気に顕在化した。太平洋側が広範囲に被害を受けた時、新潟こそが救援・復旧の最大拠点になるということだ。新潟県や県内市町村は平成の時代、度重なる災害に見舞われた。直撃を免れた新潟市は、県内被災地を救援して大きな救援力・減災力を身に着けることになった。その力が3・11大震災で最大限に発揮されたのだ。市長室で大きな揺れを体感した私は、執務中もテレビをつけっ放しにしておいた。すると、信じられない光景がテレビに映し出されていく。大津波が東北の太平洋側を襲い、街並みや道路、車が次々と飲み込まれていった。「歴史上でも、まれな大震災だ」と直感せざるを得ず、直ちに市の危機管理・防災関係者を集めた。「東北太平洋側の最大拠点で、政令市仲間でもある仙台市を真っ先に救援する」と方針を決め、午後4時には先遣隊を出発させた。先遣隊長には、中越と中越沖の2度の地震で救援に当たり、2004年の7・13水害も体験していたベテランが選ばれた。

発生10時間後には仙台に到着

先遣隊は大震災の翌日、3月12日の午前零時台に仙台市役所に到着した。仙台の奥山恵美子市長（当時）は「まさか、こんなに早く新潟から救援隊が来てくれるとは」と驚いたそうだ。大津波の経験こそないが、幾度も大災害の救援体験を持つ先遣隊長のアドバイスは、奥山市長にとって「大変にありがたかった」そうだ。「とにかく指示が具体的で、これから12時間以内にはこれ、24時間以内にはこういうことが起きるので、こんな対策が必要になる、と教えてくれた。羅針盤を手にしたようだった」と評価され、「すべての対策本部会議に出席を」と市長から要請された。彼が新潟に戻ってきたのは3月も末だった。仙台市以外では消防や水道の部隊が、最も被害が大きかった石巻市を救援した。石巻市民は新潟ナンバーの車両を見ると、「ありがとう、と声を掛けていた」との話を後日、亀山紘・石巻市長から聞いた。

行き届いていた新潟の避難所

新潟市に限らず、「実戦」の経験を持つ新潟の存在感は大きかったようだ。避難者受け入れのお礼に訪れた桜井勝延・南相馬市長（当時）をはじめ被災地域の首長から異口同音に「新潟への感謝」を頂戴した。新潟県内の避難所を視察に来た国会議員から、「どうして新潟県内の避難所はこんなに行き届いているのか」との質問を何回も受けた。こちらは他県の避難者受け入れ施設を見たことがないので分からなかったが、新潟県内の避難所は寒さ対策がしっかりとしており、プライバシーへの配慮も他と比べ数段進んでいるとのことだった。「新潟は（度重なる災害に見舞われ）痛い目に何度も遭っていますから」と私は答えたが、ここでも「緑の不沈空母」の底力に気づかされた。

新潟の救援実績をデータに

3・11大震災への対応が少し落ち着いた4月に入り、新潟の救援力をデータ的に押さえておく必要があるとの気持ちが湧き、庁内にデータ収集を指示した。国やJR貨物などの協力を得てデータを集め出すと、新潟には国内外の救援物資の大半が集積・経由したことが分かってきた。救援物資は当初、新潟から国道113号線で山形─宮城─岩手へと運ばれ、磐越道が復旧してからは新潟が福島県への大動脈にもなった。太平洋側が必要とする海外からの生活物資も多くが新潟港に陸揚げされ、被災地だけでなく首都圏へも輸送されていた。JR貨物は「ほとんど」といってよいほどの物資が新潟から羽越線を経由して青森から岩手へと運ばれていた。新潟空港の果たした役割は、前述した中国総領事館の対応でお分かりいただけるだろう。

国の検討委が日本海軸を評価

各種データをまとめていたその頃、国土交通省の「高速道のあり方を考える検討委員会」から、「高速道に限らず、新潟の果たした救援の役割について説明してほしい」との依頼が来た。検討委員会の座長は旧知の寺島実郎・日本総研会長だったこともあり、快諾して検討委員会に臨んだ。民主党政権時代で、当時の大畠章宏・国交相をはじめ幹部が居並ぶ席で、新潟の救援拠点としての役割を披露できたことは大変にありがたかった。特に嬉しかったのは、「このような大災害の時に、日本海軸は極めて重要。国土軸の1つとして整備する必要がある」との方向性がその場で打ち出され、最終報告書にもこの点が盛り込まれたことだ。この流れは自公政権にも引き継がれ、村上以北から山形県境までが「ミッシングリンク未整備区間」となっていた日本海沿岸東北道自動車道の整備へとつながっていった。

新潟港活性化も特需で幕

救援拠点としてのデータを点検するにつれ、「新潟にはすごいミッションがある」ことに改めて気づかされた。太平洋側が広く被害を受けた時、「救援拠点は新潟しかない」のだ。自公政権が打ち出した「国土強靱化政策」とも相まって、新潟市は「防災・救援首都」を掲げることにした。安倍政権下での「国土強靱化地域計画策定モデル調査第1次実施団体」に新潟市が選出され、2014年度に「新潟市国土強靱化地域計画」を策定する。しかし、新潟県全体では「日本の中で、新潟の果たす役割」などといった大きな議論にエネルギーが集結することはなかった。3・11大震災で大きな役割を発揮し、一気に20万TEUまで実績を挙げた新潟東港のコンテナ取扱量も翌年から大きくダウンし、単なる「特需」で終わってしまったのも残念でならない。

「新潟州構想」と拠点化

新潟州構想を知事と提起

3・11大震災当時を振り返ってきたが、もう1つ残念なことがある。県と新潟市の司令塔を1つにする「新潟州構想」を打ち上げたタイミングだ。「新潟州構想」は大震災が起きる1か月半ほど前に、泉田知事と私とで共同の記者会見を行い発表した。この一番の動機は、当時また浮上しかけていた道州制へのけん制だった。本格的な分権を伴わない道州制は実態的に「府県合併」である上、新潟の地理特性を考えると新潟が州都になる可能性はほとんどゼロだ。府県合併による道州制が導入されると、新潟はどんなエリア分けでも「周辺部」に追いやられ、権限が集中する州都は新潟から遠くなってしまう。

「そんな道州制に乗るわけにはいかない」「今から異議を申し立てておこう」との方向性で泉田知事と一致した。私には「新潟州構想」を使って、「いつまでも進まない、新潟拠点化の土俵をつくりたい」との思いも強くあった。知事の方には「県民の安全強化のため、政令市消防の持つ特別救助隊（ハイパーレスキュー）などの災害対応機能を県に一元化したい」との気持ちがあったと思う。しかし、「新潟州構想」発表の共同会見への反応は厳しかった。「あまりにも唐突だ」「意図が分からない」などの強い批判が、県内市町村や議員の皆さんたちから噴出する状況となった。

狙いは司令塔を一本化

当時は「大阪都構想」が提起されていた。大阪府と大阪市がことあるごとに反発し、張り合ってきた歴史を「府・市を合わせると不幸せ」と捉え、大阪都と特別区に再編する構想だった。東京府と東京市を合体させ、東京都と23特別区に再編した歴史にも学んだものだ。「新潟州構想」では、遠い将来はともかく、新潟県と政令市の合体を一気に狙う気持ちは私にはなかった。道州制に対する大きな異議申し立てを「新潟州構想」で提起しつつ、「新潟拠点化」のために新潟県や新潟市、経済界などの人的資源を1つにまとめたいと考えていた。港湾・空港の活性化を推進する組織をつくり、司令塔を1つにする構想だ。米国では港湾を管理・運営する組織として「ポート・オーソリティ」がある。州や市、経済界、大学などシンクタンクが総力を合わせるものだ。私はまず新潟港を管理・運営する日本版ポート・オーソリティをつくり、次いで国の管理である新潟空港にも「活性化を支援・実践するエアポート・オーソリティを組織できないか」との思いだった。もちろん、「司令官」は新潟県知事を想定していた。泉田知事が懸念する災害時の態勢についても、「広域感染症や同時多発災害時には、司令塔が1つの方が効果的だ。これも司令官は知事で良い」と思っていた。

3・11大震災の大きな教訓

新潟州構想を発表した時期については、今も残念に思っている。「新潟州の打ち上げ時期が、もう少し遅れていたらどうだったか」との思いがある。3・11大震災で起きた事態、そして、その対応状況を検証すると、「すべてが司令塔を1つにすることの重要性を示していたのに……」との思いが消えないのだ。

具体的に言うと、まず3・11大震災が起きて半日もたたない内に、新潟県内でも大きな被害が出た長野県北部地震が起きた。新潟市消防局のハイパーレスキューは既に大震災の被災地に向かって出動中で、知事とすれば歯噛みしたくなる気持ちだったのではないか。

一方、保健所関係では私が肝を冷やすことがあった。新潟市の保健所には、福島第一原発事故から避難してくる被災住民への放射線被ばく状況を調べるスクリーニングの検査機器がないことが分かったのだ。泉田知事と直ちに連絡を取って、県の検査機器を活用して磐越道の降り口に当たる新潟中央インター脇の新潟テルサを検査会場にすることで合意。放射線被ばくのチェック網に穴が開くことを免れた。

新潟の港湾や空港が救援拠点としてかつてないほど大きな役割を果たしたことも、「司令塔を1つに」の思いを強くした。「港湾管理や空港の活性化を推進する組織づくりが、平時でも非常時でも喫緊の課題だ」との焦燥感は募るばかりだった。知事も「危機管理の面から、できる限り組織の統合を図るべき」との気持ちが強くなったのではないか。私たち2人は「新潟州構想」に、より前のめりになっていくのだが、そのことで県議会をはじめ関係者の反発はかえって強くなっていったようだ。3・11大震災の事例をもって州構想の必要性を訴えても「後付けの話はするな」と冷たく拒絶されるような状況になってしまった。

「二重行政の打破」に舵を切る

そんな状況を打開してくれたのが「新潟州構想検討委員会」の座長をお願いした北川正恭・早稲田大学大学院教授（当時）だった。北川さんは「県と市の合併とか、組織の指揮統合と言っても、今の状況ではうまく進めることはできない。それより、実現可能な最大値を新潟で創りだそう」との立場で、「県と市の二重行政を新潟から打破しよう」と提起してくれた。私はその考えに乗ることにした。二重行政の改善から話を始め、時期を見して拠点化のテーマを持ち出せば良いと思った。二重行政の弊害は大きいと以前から思っていたし、それをなかなか認めたがらない行政職員を巻き込んで検討・実践すれば、大きな意識改革・改善運動につながるとも考えた。

実際に検討委の場では「文化施設は市が一元管理」「県営住宅と市営住宅の枠を取り払

って市が一元管理」とし、一方では「広域感染症の発生時には県の保健所が司令塔となる」ことや「災害発生時は政令市消防と県の危機管理部門が情報を徹底共有する」などの成果が出た。他地域ではほとんど手が付けられていない分野で、県と市の担当同士が粘り強く折衝を重ねた結果と感謝している。国はその後、道府県と政令市の調整会議を制度化するが、新潟の取り組みが法制化を推進したと自負している。

拠点化のテーマ、ついに封印

一方で州構想検討委の取り組みを進めているうち、新潟県側から「拠点性のテーマは他の市町村との関係があるので、新潟州の場では議論しない」との見解が打ち出されてしまった。県議会の意向が働いていると容易に想像できたので、「それなら拠点化は県市長会・町村会と県の意見交換会で議論するしかない」とハラを固めざるを得なかったが、残念ながらそのテーブルができることはなかった。そんな中でロシア極東空路の休止など、新潟空港の活性化に大きな影が落ち、救援拠点として脚光を浴びた新潟港のコンテナ取扱量も２０１２年以降は従前レベルまで落ち込んでいった。県と県内市町村の総力を集めることができないまま、新潟の拠点化・活性化は大きな曲がり角を迎えてしまった。

県と市町村の関係悪化

がれき処理で更なる亀裂

新潟県と県内市町村の関係がなぜここまで悪化していったのか？　基本的には新潟県庁のガバナンスの問題と思う。知事といえども県政の細かいところまで把握し尽くすことは不可能だ。しかし、市町村側から見れば重要事案であり、一刻も早く知事に上げてほしい情報がある。これがなかなか知事まで届かず、時間だけが経過することがままあった。「良い着地点を見出すため、醸成の時間なら良いが、これでは店ざらしだ」との嘆きは多くの首長から聞いた。知事と顔を合わせる機会が多い新潟市長の私でも、「じゃあ、知事の携帯に連絡しようか」と県側に聞こえるように言ったことが何回かある。

新潟県と市町村の関係が悪化した例として、子ども医療費助成の問題があったようだ。政令市になった新潟市は、県の子ども医療費助成対象から外されていたので詳細は分からないところがあるが、子ども医療費助成への新潟県負担が他県に比べて少ないにもかかわらず、医療費助成を伸ばすよう市町村を競い合わせる県の手法への反発は首長に強かった。また、中越沖地震の後あたりから、なぜか新潟県の予算編成時期が遅くなり、市町村が予算案編成作業をほとんど終えたタイミングで県が新しい制度設計を打ち出し、市町村が振り回されることへの批判もよく聞いた。

新潟市として、直接的に困ったのは3・11大震災で発生した「がれき」処理だ。新潟市をはじめ柏崎、三条、長岡、新発田の5市が処理に名乗りを上げたが、がれきを県内に持ち込んで処理することに知事は強く反発した。「放射能管理を緩めたことで亡くなる人が出れば、殺人に近い」などと激しい発言を繰り返す知事に対し、5市もスクラムを組んで対抗したが、がれき受け入れは大変に難航した。特に新潟市では、この時期に合わせるように亀田と新田のごみ焼却場の焼却灰から水銀などの重金属が検出され、周辺住民の不安をさらに大きくした。なぜ、この時期だけに重金属が検出されたのか、今も大きな謎と言っておく。

お詫び行脚の真の意味

新潟市ではその後、岩手県大槌《おおつち》町のがれきを亀田焼却場に搬入しようとした際、激しい反対運動に遭い、いったん試験焼却を延期することになった。被災地域には大変申し訳なかったが、不測の事態を避けるための措置だった。この時、私は大槌町などにお詫び行脚に行くことにした。お詫びの気持ちを伝えることは勿論だが、これを1つの機会として新潟県における「がれき焼却」の難しさや特異性を全国に知ってもらいたい思いも強いものがあった。がれき焼却に協力する基礎自治体に対し、ここまで批判する知事がいることを全国に知ってもらうべきと考えたことも事実だ。

がれきの焼却については、がれき量が結果的に当初見込みより少なくなり、新潟市は協力する機会を失ってしまった。しかし、5市がスクラムを組んだことで、新潟県だけが「がれき焼却の非協力県」にならずに済んだことは良かったと思っている。

4選不出馬を「リセット」

その後、私は2014年の新潟市長選に4選出馬したが、2010年の市長選マニフェストでは「3選でけじめ」と明記していた。これは言い訳になるが、マニフェストには「大災害や世界不況などがない場合」の但し書きを入れていた。3・11大震災はまさにこの但し書きに該当する事態で、「リセット」に値することだった。しかし、大震災後にそのことを市民に公言しなかったので、「マニフェスト違反」と言われれば、その通りと思う。それでも出馬したのは、大震災で新潟の新たなミッション・使命が明らかになったことに加え、農業戦略特区に指定されたものの事業化のメドが立っていなかったことや、新バスシステム・BRTの開業までの段取りを付け切れていなかったことが直接的な理由だ。新潟県との関係が当時、大変に難しくなっていたことも背景にあった。「マニフェストのリセット」の是非も含めて、有権者に問うことにした。

2014年市長選はBRT新バスシステムをめぐるワンイッシュー選挙になり、辛勝だった。市民の厳しい視線を感じ、それだけに4期目の課題解決に全力を挙げることを改めて決意した。ＢＲＴは開業時にはご迷惑をお掛けしたが、バス利用者が大きく増加に転じたことは第五章で示した通りだ。農業戦略特区は波及効果が大変に大きく、文化創造面では東アジア文化都市にも選ばれた。４選出馬を後悔してはいない。

県知事選で、しこりが爆発

一方、新潟県の混乱はその後も続いていく。２０１５年の秋から、新潟港とロシア極東を結ぶ日本海横断航路のフェリー調達が問題化した。新潟県が主導してきたもので、新潟市も出資が求められていた。出資に応じる前の新潟市は「準当事者」だったが、それでもフェリー調達問題の深刻さは把握でき、９月市議会に提出予定のフェリー出資議案を撤回せざるを得なかった。その秋以降、「当事者」の新潟県が全力で局面打開に動くと思っていたが、まったくその動きが見えぬまま、16年の年明けから横断航路問題が連日のように地元紙に取り上げられ始めた。県庁のガバナンスに大きな欠陥があることを再認識せざるを得なかった。

この件に加え、新潟県では国から作成を義務付けられた福祉・医療４計画が未作成だったことが発覚。県議会や一部マスコミから強い批判にさらされることになった。これらの対応に忙殺され、県は市町村との話し合いどころではなくなる。泉田県政では、私の４期目も新潟県と県市長会・町村会との意味ある話し合いは行われなかった。それどころか、県市長会は、２０１６年新年総会に知事を呼ぶのが嫌だったのか、新年会そのものを中止とした。以前からの軋轢が尾を引いたのだと思う。

16年の県知事選では、これまでの大きなしこりが爆発し、県市長会長だった森民夫・長岡市長（当時）が知事選出馬を表明する。これが泉田知事の４選不出馬への流れにつながっていった、と受け止めている。泉田知事は「一部マスコミの不正確な報道が続き、このままでは正常な県民判断ができない」ことを理由に8月30日、「４選不出馬」を突如表明した。つくづく残念な時代だった。

再生へ、産みの苦しみ

「毎日がテレビドラマ」

２０１５年から3年間、新潟市の副市長を務めてくれた国交省出身者は、新潟市でのＢＲＴ導入や県庁の混乱ぶりを見守りながら、「毎日がテレビドラマのよう」と感想を漏らしたが、新潟の波乱万丈はその後も続いていく。

２０１６年の新潟県知事選では、柏崎刈羽原発の再稼働が焦点となり、事実上の野党共闘となった米山隆一氏が森民夫氏を破って当選する。私は新潟県市長会の副会長でもあり、森さんと多くの面で連携してきたことから知事選では表立って森さんを支援した。「柏崎刈羽原発は廃炉優先」「ガバナンスが機能しない新潟県庁は、抜本的な改革が必要」などと訴えたが、森陣営からは「あまり原発に触れないでほしい」「県庁改革も限定的に」との要請を受け、不完全燃焼で知事選は終わった。米山さんが知事に当選した直後、私は彼の携帯に連絡した。いつ起きるか分からない災害対応の面から、知事となる人物と新潟市長のホットラインは確保しておく必要があるからだ。相手陣営を応援したにもかかわらず、米山さんからは大変に穏やかで丁寧な対応をいただいた。米山さんとは、新潟市にある旧齋藤家別邸で開かれる華道展などで接点があったし、「頭脳と身体能力が格段に高い」と言われる米山さんに以前から個人的興味があった。

知事選への準備は極めて限定的だったはずだが、米山さんは知事就任直後から安定感があった。知事選で公約した柏崎刈羽原発関連の施策で独自性を出し、再稼働については「3つの検証委員会を設置。その結論が出るまでは再稼働を議論しない」との方向性を明確にした。泉田氏は知事時代、「福島第一原発事故の原因究明が成されるまでは再稼働議論はしない」との姿勢を取ってきたが、16年2月県議会では「原発再稼働に反対と言ったことはない」とも答弁している。「結論や着地点を明らかにしない知事のやり方が、多方面から疑念を招いている」「基本的な方向、抜本的な方針を打ち出すべき」などの声を県内の首長らから聞いた。しかし、泉田氏が知事として柏崎刈羽原発再稼働の「防波堤」となっていたことは事実だ。米山知事が誕生した時点で、私は新潟市長として「柏崎刈羽原発についていては、廃炉への道筋をつけることを優先すべき」「大事故を起こした東京電力が世界最大の柏崎刈羽原発を動かすことは新潟県民・市民の理解を得られない」と市議会などで踏み込んで発言した。米山知事だけをさまざまなプレッシャーの矢面に立たせたくなかったからだ。

動き出した新潟の拠点化

米山さんが知事に就任してまもなく、長らく凍結されてきた新潟の拠点化が動き出した。きっかけは、新潟市民向けのフォーラムで米山知事が「新潟市の魅力アップが、新潟の拠点化になる」と明言したことだった。これによって、「新潟県・新潟市調整会議」のテーマに新潟市のまちづくりが加わり、港湾管理者でもある新潟県は新潟西港地区の万代島再開発を新潟市と共に進める姿勢を明確にする。さらに米山知事は、大詰めを迎えつつあるJR新潟駅周辺再開発についても、「新潟駅は新潟県の顔でもある。県が口を出すのは当然ではないか」と語り、共同作業に加わるスタンスを示した。泉田知事時代に財政面の支援が明確にされていた新潟駅周辺整備事業だったが、県の事務方の腰は引け気味で関わりも中途半端だったものが、知事発言で大きく変わった。「県が口を出すということは、カネも出すことですよね」と私が軽口をたたける雰囲気が醸成されてきた。

一方では、政府・与党の側から、米山知事サイドにある種のメッセージが出ているとも感じていた。知事選から2か月後、政権幹部が米山知事と面談。予定時間を大幅に延長して話し込んだ、との情報も聞いた。その半年後、霞が関から新潟県へ副知事らを送る幹部人事が発表された。従来の国交省出身者に加え、一時途絶えていた総務省出身者が副知事に発令され、財務省からも幹部が新潟県庁に送り込まれる内容だ。この人事は、私が以前に安倍政権周辺から聞いた情報と完全に合致していた。安倍政権幹部が「米山知事を1期目は支える」とのメッセージと受け止めた。

青天の霹靂、米山知事辞任

米山知事は「県・市の調整会議でも、新潟市のまちづくりをテーマにしよう」とリーダーシップを発揮した。この結果、2018年4月17日に予定された調整会議は、新潟の拠点化に向けて「新潟都心の都市デザイン」を議論することで準備された。しかし、その調整会議が開かれることはなかった。会議の2日前、週刊文春が米山知事を直撃取材したのだ。「これから新潟の拠点化・まちづくりを本格的に県と共同作業できる」と思っていただけに、信じられない展開だった。

文春砲が火を噴き、「米山知事、辞任か」などの報道が駆け巡る中、私の胸中には「いまの新潟を救えるのは、花角さんしかいない」との思いが広がっていった。花角英世さんは佐渡生まれの新潟市育ち、国交省官僚で新潟県副知事も務め、交通や観光政策に精通している。2014年の新潟市長選でも名前の挙がった人物だ。当時は海上保安庁次長の要職にあったが、まさに大ピンチの新潟県を救う「即戦力」と直感し、直ちに花角さんと会って、新潟の状況を伝えた。

ワンイッシュー選挙への疑問

2018年6月10日の知事選は、米山知事を誕生させた陣営が「野党共闘」で柏崎刈羽選出の県議・池田千賀子氏を押し、「県民党」を掲げるまちづくり関係者らが花角氏の立候補を主導して自公が支援する態勢を取った。結局、「反原発」を明確にする安中《あんなか》聡氏と三つ巴の選挙戦となったが、私は柏崎刈羽原発の再稼働問題について是非を論ずる環境が整っていない今、「再稼働、是か非か」のワンイッシュー選挙は避けるべき、と思っていた。新潟県には厳しい人口減少をはじめ、諸課題が山積しているからだ。「安心安全の土台を強化しながら、活性化・拠点化などの具体施策を論じ合う知事選にしていかないと、新潟県の未来はない」と感じていた。

花角さんとは柏崎刈羽原発のことについて、何度も意見交換した。私個人は「柏崎刈羽原発はまず廃炉への道筋をつける」ことを基本としていたが、花角さんは告示直前に「原発再稼働で新たな判断をする時には、職を辞して県民に信を問う」ことを明言された。知事選の結果を左右する発言だったと思う。「花角さんを応援する市長勝手連」の旗振り役となった私も、さらに確信を持って「花角支援」に動くことができた。結果は、花角さんが生まれた佐渡と、少年時代を過ごした新潟市での大量得票が決め手となって、花角さんが知事の座を獲得した。

明日の新潟を展望する

花角県政スタート

知事選では、私が連日のように花角さんへの応援に入ったので、「秋の市長選に出馬するのではないか」などの観測も流れた。しかし、私の気持ちはまったく逆で、「花角知事を誕生させれば、私の役割を終えることができる」と思っていた。その思いは、選挙戦終盤、新潟市エリア以外で街頭に立ち、花角さんを応援することで伝えたつもりだった。思い叶って花角知事が誕生した。後は「次期市長選不出馬」を表明するタイミングだ。花角さんとは知事選前後に何回も意見交換させていただき、「新潟のまちづくり・拠点化への共同作業者として最適」との思いを深くしていた。

米山さんの辞任で延期され、花角県政下では初となる「新潟県・新潟市調整会議」が7月23日に設定された。「新潟都心の都市デザイン」をテーマにする会議だ。この席上、私の思いの一端について花角知事をはじめ県幹部にも直接お話しできた。これで県と新潟市の新しい関係をスタートできると感ずることができた。「篠田氏、5選不出馬」の報道がなされたのは、その調整会議の直後だった。

動き出した県と市の情報共有

これまで新潟県と新潟市がなかなかうまくいかなかった時期が長かったので、私の任期中の責任としてその秋、花角知事に会議開催をお願いした。港湾や空港の活性化を推進する県・市共同作業チームを発足させるためのもので、「知事と担当副知事」、「市長と担当副市長」の4人に、コンテナ集荷の実務者とインバウンドの実務者1人ずつ加えた顔ぶれだった。この席で、コンテナ集荷やエアライン・クルーズの誘致・増便などに取り組む県と市の担当者が、定期的に顔を合わせ情報共有することで合意した。その上で共同作業を行い、状況についてはそれぞれが担当副知事・副市長に報告することも決まった。問題は顔合わせの「頻度」で、私は「月1回くらいかな」と思いながら、知事の言葉を待った。花角知事は私の予測を超えて「毎週会えばいいじゃないですか」と言ってくれた。「共同作業はこれでうまくいく」と確信した。

その後、具体的に担当者同士の会合が始まり、月1回は新潟商工会議所の部長級も参加。経済界との情報共有も格段に進んでいると聞いた。県も新潟市も財政難ではあるが、それだけに新潟県内の産学官をはじめとして地域の総力を挙げる態勢をつくり、官民共同でプロジェクトに取り組むことが急務と思う。

まちづくりのベクトルそろう

その後、2018年10月の新潟市長選挙では4人が立候補し、国交大臣政務官を務めた元参院議員・中原八一氏が当選する。私は中原さんと元北区長の2人を応援した。実質的な野党共闘だった方や、実行不可能な公約を掲げた方は支援できなかったためだ。国交省幹部だった花角さんが知事、国交大臣政務官をやられた中原さんが新潟市長と、大きなベクトルがそろう形になった。前述したように、県と新潟市のパイプも太くなってきたから、お互いが力を合わせる態勢が整ったと思う。新潟は「安心安全」の土台や「暮らしやすさ」の要素は充実している。これまでなかなか大きな成果を出せなかった拠点化・活性化の分野で、今後は県民・市民にしっかりと結果を届けていただけるのではないか。

幸い、これまでの取り組みが実り、コンテナ取扱量や新潟空港利用者は前年を上回るようになった。新潟には寄港しなかったクラスの大型クルーズ船が東港に、1泊単価の高いラグジュアリークラスのクルーズ船が西港に入るようになった。スキー客を中心に冬場の外国人観光客の伸びも目立っている。国土強靱化の中で果たす新潟の大きなミッション・使命も明確になりつつある。「緑の不沈空母」として、新潟が日本の安心安全の屋台骨を担い、「日本一安心な政令市」となっていくことを一市民として見守りたい。

おわりに

ここまで、「新潟市は『緑の不沈空母』ではないか」との仮説の下に、さまざまな角度から新潟市を検証してきた。「確かに不沈」と言える要素が多いように思うが、「沈まないためにはさらなる努力が必要」と言わねばならない分野も間違いなくある。

特に人口減少への対策は大きな課題だ。「新潟県では、毎年1％人口が減っているのに、『不沈』などと言っている場合か」とお怒りの方もいるかもしれない。しかし、若者が学ぶ場・働く場を求めて首都圏などに大量に流出し、一方では結婚や子育てに不安を抱える多くの方々がいらっしゃる状況があるからこそ、新潟の「安心安全の土台の高さ」や「暮らしの豊かさ」について、もっと自らが認識する必要があると思う。都市の「大きさ比べ」や見かけの「華やかさ競い合い」に目を奪われ過ぎて、新潟のかけがえのない長所や美風についての認識やアピールが少なすぎると日ごろから感じている。

いま日本は、「人生100年時代」の扉が開き始めた。国は「これからは地域で医療・介護が受けられる地域包括ケア社会づくりを」と呼びかけているが、それを実現したところは全国にまだない。本書で紹介したように、新潟市では河田珪子さんらが行政と組んで、

「困った時はお互いさま」「助けて！　と声を上げやすい暮らし」を築き上げようとしている。これは安心感の大きな土台だ。

また、大都市圏近郊では会社人生を終えた後、自らが住む地域には何のつながりもなく、自らの居場所を求めてさまよう高齢男性たちのことが「異次元の高齢化」（寺島実郎氏）として社会問題になっている。それに比べ「顔の見える関係」を基に地域の絆を大切にしてきた新潟では、地域の拠点である学校を盛り上げる地域教育コーディネーターの多くが「地域の達人」として育ち、地域課題の解決に「ご近所力」を活用する多彩な取り組みが各地で行われている。地域力を推進する担い手の多くは、「新潟のおばちゃん」（失礼）たちだ。教育関係者の中には「新潟のおばちゃんパワーは、大阪のおばちゃんを超えるのでは」との評価も出ている。

さらに新潟を楽しくしているのは、「好きなことを仕事にできる」「好きなことをして食べていける」懐の広さだ。これは他の大都市ではなかなか見出すことができない魅力ではないか。それに加え、新潟市には三大都市圏にはない「大地の力・農業の力」があり、志を持った素晴らしい農家さんがいる。豊かな食と、ゆったりとした住環境に支えられた「暮らし文化」が新潟市にはある。このことは本書に登場いただいた方々の語りから十分にご理解いただけたものと思う。

根拠のない「悲観主義」から未来は生まれない。新潟暮らしの良さをしっかりと認識した上で、新潟暮らしにさらに磨きを掛け、国内外に発信していくことが「人口減少時代」では特に重要なのではないだろうか。新潟市が制定した「安吾賞」で第2回「新潟市特別賞」を受賞いただいた建築家、カール・ベンクスさんは、日本に伝わる茅葺屋根などの素晴らしい建築文化を捨て、安易に近代建築に建て替えている日本の実情を憂い、「日本人は宝石を捨てて、砂利を拾っている」と評したが、新潟の真の豊かさについて今こそ思いを巡らす時と思う。

また、本書では4期16年務めさせていただいた新潟市長としての取り組みを自ら概括してみた。新潟市には他の大都市に比べ、間違いなく「地域力」「市民力」があり、「農の力」「大地の力」がある。私がこれらの「力」を最大限引き出し活用した、と強く主張する気持ちはないが、その恵みに感謝しながら市長職を務めさせていただいたことは間違いない事実だ。深く感謝したい。

本書を編むに当たっては幻冬舎の編集者・森村繭子さんと、フリーライターの伊藤和弘さんに大変お世話になった。お2人とのやり取りで、私がこれまで気づかなかった新潟の「緑の不沈空母」としての力や役割を認識させていただいたこともままあった。本書では、第五章と終章を除いて、敬称を原則略させていただき、肩書などは取材時点のままにさせていただいた。新潟市の地域力や市民力の恵みに感謝して筆を置くことにする。

２０１９年　暑い夏を終えて、令月の下で

著者プロフィール

篠田 昭（しのだ・あきら）

1948年、新潟市生まれ。上智大学外国語学部卒。
1972年、新潟日報社に入社。編集局報道部などを経て、
編集局学芸部長、長岡支社報道部長、
論説委員兼編集委員などを務め、2002年9月に退社。
同年11月、新潟市長選挙にて初当選。以来、4期務める。
主な著書に『宰相田中角栄の真実』（共著・講談社）、
『新潟力〜歴史から浮かぶ政令市像』『水と土の文化王国にいがた』
（ともに新潟日報事業社）などがある。

GENTOSHA

緑の不沈空母
にいがたの航跡
2019年12月20日　第1刷発行

著　者　篠田 昭
発行者　見城 徹

発行所　株式会社 幻冬舎
〒151-0051 東京都渋谷区千駄ヶ谷4-9-7

電話:03(5411)6211(編集)
03(5411)6222(営業)
振替:00120-8-767643
印刷・製本所:株式会社 光邦

検印廃止

Printed in Japan
ISBN978-4-344-03553-9 C0095
幻冬舎ホームページアドレス　https://www.gentosha.co.jp/

この本に関するご意見・ご感想をメールでお寄せいただく場合は、
comment@gentosha.co.jpまで。